Direito Antitruste e Propriedade Intelectual:
uma abordagem sob a ótica das vendas casadas

Guilherme Favaro Corvo Ribas

Direito Antitruste e Propriedade Intelectual:
uma abordagem sob a ótica das vendas casadas

EDITORA SINGULAR

São Paulo
2011

R482d Ribas, Guilherme Favaro Corvo

Direito Antitruste e propriedade intelectual: uma abordagem sob a ótica das vendas casadas. / Guilherme Favaro Corvo Ribas. São Paulo: Singular, 2011.
128 p.
ISBN: 978-85-86626-59-3
Dissertação (Mestrado em Direito Comercial) – Faculdade de Direito da Universidade de São Paulo.
Orientador: Professor Doutor Newton Silveira.

1. Propriedade intelectual. 2. Abuso de poder econômico. 3. Direito da concorrência. 4. Direito Comercial. I. Silveira, Newton. II. Título.

CDU: 347.733 CDD: 338.85 21

Diagramação: Microart
Fechamento: Paola Morsello
Capa: Aeroestudio

Editora Singular

Tel/Fax: (11) 3862-1242
www.editorasingular.com.br
singular@editorasingular.com.br

Para Roberta,
minha companheira e grande incentivadora.

Prefácio

Prefaciar este livro do Dr. Guilherme Ribas é reviver a experiência de ter sido seu orientador no Mestrado da FADUSP. Satisfação redobrada.

Recentemente fui debatedor de um painel exatamente acerca do tema da interface entre a propriedade intelectual e o direito antitruste. A expositora, Dra. Karin Grau-Kuntz, enfatizou a não incompatibilidade entre as duas áreas do direito, profligando aqueles que pensam ser a propriedade intelectual intocável e absoluta.

Não resisto aqui a mencionar Denis Barbosa, que, posto de frente a esse tipo de argumento, respondeu que absoluto fora tão somente Luís XIV.

O fato é que o tema entre nós é relativamente novo, como destaca o autor na nota 2 de seu trabalho, o que justifica que muitos ainda se horrorizem com a dessacralização da propriedade intelectual.

Seu direcionamento à aplicação do tema às vendas casadas bem ilumina o problema e torna mais fácil sua compreensão.

Sua premonição ao escrever que parece ser inevitável que o CADE se depare nos próximos anos com um número de processos dessa natureza, pareceu uma antessala da questão das autopeças em tramitação naquele órgão.

Outros casos aparecerão, como os cartuchos de impressoras e outros, de desvio de finalidade e abusos no campo da propriedade intelectual, sejam patentes, desenhos industriais, marcas e, até, direitos autorais. Afinal, todos esses bens imateriais vão, necessariamente, para o mercado...

Confio em que o presente estudo, sério e consciencioso, sirva de orientação a todos aqueles que se interessem pela questão.

São Paulo, Agosto de 2011.

Newton Silveira

Professor Doutor da Faculdade de Direito
da Universidade de São Paulo.

Nota do Autor

O presente livro é uma adaptação da Dissertação apresentada, em 2011 perante banca examinadora na Faculdade de Direito da Universidade de São Paulo, na conclusão do curso de Mestrado em Direito Comercial.

Há muitos a quem agradecer pelo apoio durante essa jornada.

A minha família, pelo carinho e apoio. Meus pais, Clemente e Marina Ribas, minha avó, Maria Favaro, minha irmã, Angela Ribas, meus sogros, Cleide e Luiz Corvo, meus filhos, José Luiz, Fernando e Otávio, e, sobretudo, minha esposa, Roberta Corvo Ribas, a quem dedico este trabalho, foram fundamentais nesse processo.

A meus amigos e a meus colegas de escritório, pelas revisões do trabalho, pelos debates, pela influência em minha vida acadêmica e profissional, ou simplesmente por estarem próximos. A todos agradeço nas pessoas de Ana Cláudia Beppu, Arthur Badin, Barbara Rosenberg, Caio Blanco, Claudio Daolio, Daniel Arbix, Daniel Goldberg, Eduardo Caminati, Elinor Cotait, Enrico Romanielo, Francisco Sampaio, Larissa Toyamoto, Márcia Oliveira, Márcia Suaiden, Marília Crivelaro, Marina Coelho, Paulo Brancher, Sérgio Bruna e Tomás Paiva.

Aos professores da Faculdade de Direito, pelos conselhos e ensinamentos. À Professora Titular Odete Medauar, agradeço pelo incentivo dado desde os bancos de Graduação. Aos membros da banca de qualificação, Professor Titular Gilberto Bercovici e Professor Associado Diogo R. Coutinho, pelas inestimáveis contribuições que nortearam a pesquisa. Aos integrantes da banca examinadora e grandes expoentes do Direito Antitruste, Professora Titular Paula A. Forgioni e Professor Doutor Vicente Bagnoli, docente na Faculdade de Direito da Universidade Mackenzie, pelos valiosos comentários e correções, e, sobretudo, pela honra de sua participação em minha arguição.

Por fim, um especial agradecimento a meu orientador, Professor Doutor Newton Silveira. Além da felicidade do reencontro após os diversos anos que separaram as aulas de graduação das de pós-graduação, sou especialmente grato pela generosidade com que transmitiu seus conhecimentos. Assim como fala com orgulho, respeito e carinho de seus grandes mestres das Arcadas, gostaria que tivesse a certeza de que farei o mesmo.

São Paulo, Agosto de 2011.

Sumário

Introdução

O principal objetivo deste trabalho é responder a uma única pergunta, que permeia o intenso e confuso debate entre defesa da concorrência e propriedade intelectual: pode o direito antitruste, entendido como o conjunto de regras e instituições cujos principais objetivos são a prevenção e a repressão ao abuso de poder econômico, ser aplicável a casos envolvendo direitos de propriedade intelectual?

Sob outra perspectiva, gozam esses direitos de isenção antitruste em razão de sua suposta contribuição para a criação de eficiências dinâmicas, que, em última medida, é o que se espera de empresas que efetivamente compitam em um dado mercado?

Antecipa-se que a pesquisa realizada demonstrou que as respostas a essas duas perguntas são "sim" e "não", respectivamente.

Conforme será demonstrado no capítulo 1, há uma série de justificativas jurídicas e econômicas que confirmam que o direito antitruste, ao menos na perspectiva *ex post* de sua aplicação,[1] é uma das ferramentas que o ordenamento pátrio prevê para coibir o abuso de poder econômico gerado pelo exercício de um direito de propriedade intelectual.

A demonstração deste resultado será feita a partir da análise de uma prática anticompetitiva específica: a venda ou o licenciamento casado de direitos de propriedade intelectual, cujas especificidades serão tratadas no capítulo 2.

A escolha da venda casada como base para a confirmação da hipótese acima aventada não é aleatória. No campo de pesquisa "concorrência e pro-

1. Não se examinará aqui a forma como o direito antitruste influencia (ou deveria influenciar) *ex ante* o direito de propriedade intelectual. Vide SALOMÃO FILHO, Calixto. *Direito concorrencial*: as condutas. São Paulo: Malheiros Ed., 2003. p. 126-143, para uma análise bastante completa a respeito do tema. Tampouco será examinado de que forma a criação de ambientes propícios ao abuso de poder econômico (unilateral ou coordenado) pode ser evitada por meio da análise de atos de concentração, disciplina regulada pelos artigos 54 e seguintes da Lei n. 8.884, de 11 de junho de 1994.

priedade intelectual", ainda muito insipiente no Brasil,[2] tal prática é destacada como "um dos encontros mais significativos de PI e política de concorrência",[3] o que é atestado pela considerável gama de textos doutrinários e jurisprudência disponível no direito comparado, especialmente nos Estados Unidos.

Mas não basta afirmar que o tema é relevante no direito comparado. A venda casada envolvendo propriedade intelectual é um tema bastante inquietante e atual, o que igualmente demanda a realização de estudos científicos no Brasil, adaptando-se o conhecimento gerado no exterior com base nas peculiaridades do ordenamento e da prática jurídicos pátrios.

A inquietude do assunto deve-se a duas razões preponderantes.

A primeira e principal delas é que a venda casada não é necessariamente prejudicial ao bem-estar da sociedade ou do consumidor (seja lá qual for o protagonista de uma determinada política antitruste), o que por si só já dificulta a atuação das autoridades a quem compete a investigação de abusos dessa natureza. Na realidade, trata-se de prática comercial amplamente difundida e, na grande maioria das vezes, aceita pela indústria, pelos comerciantes e pelos próprios consumidores.

Aliás, a grande maioria dos produtos ou serviços ofertados é composta de subprodutos ou subserviços que formam um todo homogêneo. A título exemplificativo, há a venda de calçados com os pés direito e esquerdo (o exemplo clássico citado pela doutrina), automóveis com serviços de pós-venda, cafeteiras com cápsulas contendo pó de café etc.

---

2. Dentre os poucos estudos dedicados ao tema no Brasil, merecem destaque a tese de doutoramento apresentada por Paulo Marcos Rodrigues Brancher, *Direito da concorrência e propriedade intelectual*: da inovação tecnológica ao abuso de poder. 2009. Tese (Doutorado) – Faculdade de Direito, Pontifícia Universidade Católica de São Paulo, São Paulo, 2009; a dissertação de mestrado apresentada por Claudia Tosin Kubrusly, *Direito antitruste e propriedade intelectual*: análise concorrencial dos acordos de licença e da recusa de licenciar. 2008. Dissertação (Mestrado) – Faculdade de Direito, Universidade de São Paulo, São Paulo, 2008; e a tese de doutoramento apresentada por Barbara Rosenberg, *Patentes de medicamentos e comércio internacional*: os parâmetros do TRIPs e do direito concorrencial para a outorga de licenças compulsórias. 2004. Tese (Doutorado) – Faculdade de Direito, Universidade de São Paulo, São Paulo, 2004.

3. HOVENKAMP, Herbert. The intellectual property-antitrust interface. ABA Section of Antitrust Law. *Issues in Competition Law and Policy*, n. 3, p. 1985, 2008. Tradução livre do original "one of the most significant encounters of IP and competition policy".

Diferenciar a venda conjunta natural daquela coercitiva é, em alguns casos, um grande desafio que, se não adequadamente enfrentado, pode gerar uma série de incentivos negativos sobre produtores e ofertantes de bens e serviços, podendo até mesmo prejudicar a oferta de produtos e serviços de maior qualidade.

A situação é ainda mais complexa quando a venda casada envolve criações protegidas ou produtos fabricados a partir de processos protegidos pelas leis de propriedade intelectual. O desenvolvimento da tecnologia revela-se como um processo cada vez mais célere, complicado e dinâmico, criando uma série de dificuldades para aqueles que examinam seus efeitos sobre o bem-estar da sociedade e dos consumidores.

Destarte, a análise distorcida do verdadeiro impacto concorrencial de determinadas práticas de oferecimento casado de bens e processos envolvendo direitos de propriedade intelectual pode resultar em decisões que, seja pelo excesso de intervenção, seja pela falta de rigidez, ao invés de incentivarem o dinamismo e acirrarem o padrão de competição de uma determinada indústria, podem gerar o efeito inverso: inibição da inovação e insegurança jurídica.[4]

O segundo fator de inquietude reside na ausência de quantidade relevante de casos de abuso de poder econômico envolvendo direitos de propriedade intelectual na jurisprudência do Conselho Administrativo de Defesa Econômica

4. A preocupação é assim resumida pelas autoridades de defesa da concorrência norte-americanas: "[c]ondenar atividade eficiente envolvendo direitos de propriedade intelectual poderia solapar o incentivo de inovar e, portanto, frear o motor que determina grande parte do crescimento econômico nos Estados Unidos. Contudo, o não questionamento de conduta ilegal colusiva ou exclusionária, envolvendo propriedade intelectual, bem como outras formas de propriedade, pode gerar consequências substancialmente negativas para os consumidores". Tradução livre de: "[c]ondemning efficient activity involving intellectual property rights could undermine that incentive to innovate, and thus slow the engine that drives much economic growth in the United States. However, failure to challenge illegal collusive or exclusionary conduct, involving intellectual property as well as other forms of property, can have substantial negative consequences for consumers" (United States. Department of Justice. Federal Trade Commission – FTC. *Antitrust enforcement and intellectual property rights*: promoting innovation and competition, 2007. Disponível em: <http://www.ftc.gov/reports/innovation/P040101PromotingInnovationandCompetitionrpt0704.pdf>. Acesso em: 12 dez. 2010).

- CADE.[5-6] Como se demonstrará a seguir, parece ser inevitável que o CADE se depare, nos próximos anos, com um número maior de processos dessa natureza, não sendo possível antecipar, neste momento, que linha seguirá seu entendimento a respeito do tema.

Aliás, essa é uma das razões pela qual se socorrerá da doutrina e da jurisprudência alienígena, especialmente a norte-americana, para enfrentar as indagações aqui feitas.

A seu turno, a atualidade do tema pode ser comprovada por diversos fatos.

Inicialmente, verifica-se que o foco de atuação das autoridades de defesa da concorrência vem aos poucos sendo modificado. Conquanto ainda priorizem a análise de atos de concentração e a investigação de práticas anticoncor-

5. Para um panorama da jurisprudência antitruste brasileira sobre a questão, vide BARBOSA, Denis Borges. *Jurisprudência sobre PI do CADE.* Disponível em: <http://www.denisbarbosa.addr.com/paginas/200/concorrencia.html>. Acesso em: 7 dez. 2010. A análise ali realizada demonstra que o CADE não se debruçou sobre a relação entre propriedade intelectual e direito antitruste de maneira a permitir extrair uma orientação de como a matéria é e será tratada no Brasil. Tal fato é corroborado por pesquisa realizada pelo autor na base de acórdãos do CADE publicados no *Diário Oficial da União* entre 01.01.2006 e 22.09.2010, utilizando palavras-chave envolvendo propriedade intelectual (patentes, direito de autor, desenho industrial, modelos de utilidade etc.). Foram encontrados apenas cinco casos: Averiguações Preliminares n. 08012.005727/2006-50, 08012.003009/2006-49, 08012.001315/2007-21, 08012.001115/2007-79, e Processo Administrativo n. 08012.008659/1998-08, julgados em 28.04.2010, 23.06.2010, 13.05.2009, 27.02.2008 e 27.06.2007, respectivamente. Além disso, em 15.12.2010, o CADE determinou que a Averiguação Preliminar n. 08012.002673/2007-51, cujo objeto é a investigação de denúncia de abuso de poder econômico decorrente do uso de desenhos industriais, por montadoras de automóveis, como instrumento de fechamento do mercado de pós-venda de peças automotivas, fosse convertida, pela Secretaria de Direito Econômico – SDE, em processo administrativo, tendo em vista a suficiência de indícios para a instauração desse tipo processual (o que de fato ocorreu no início de 2011).

6. A jurisprudência do CADE também é pouco significativa no tocante à análise de vendas casadas, tendo havido apenas duas condenações às empresas Xerox do Brasil Ltda. e Sharp Indústria e Comércio Ltda., em 31.03.1993 e 28.05.1993, respectivamente. Registre-se que os Processos Administrativos n. 23/91 e 01/91 foram julgados sob a égide da revogada Lei n. 8.158, de 08 de janeiro de 1991, não tendo havido condenações por esse tipo de prática desde a promulgação da Lei n. 8.884, de 11 de junho de 1994, atual diploma antitruste.

renciais colusivas (os cartéis), os primeiros anos do século XXI vêm marcados pelo crescimento do debate (no exterior e, timidamente, no Brasil) sobre o escopo, a metodologia e os possíveis resultados de investigações de infrações cometidas individualmente por empresas com posição dominante (as chamadas condutas unilaterais ou *single firm conduct*).[7-8]

7. No Brasil, os casos envolvendo abusos de poder econômico (sejam ou não relacionados a direitos de propriedade intelectual) tendem a crescer. De acordo com recentes Relatórios de Gestão preparados pela Secretaria de Direito Econômico - SDE, em 2008, 19,2% dos casos de condutas anticoncorrenciais encaminhados para julgamento pelo Conselho Administrativo de Defesa Econômica - CADE envolveram "práticas discriminatórias e/ou exclusionárias" (SECRETARIA DE DIREITO ECONÔMICO - SDE. *Relatório de Gestão DPDE.* Exercício 2008. Brasília: Secretaria de Direito Econômico, Ministério da Justiça, 2009. p. 179). Em 2009, o percentual de casos dessa natureza subiu para 49,1% (SECRETARIA DE DIREITO ECONÔMICO - SDE. *Relatório de Gestão DPDE.* Exercício 2009. Brasília: Secretaria de Direito Econômico, Ministério da Justiça, 2010. p. 141). Paulo Furquim de Azevedo acredita que o aumento de intervenções das autoridades brasileiras em restrições verticais possa ter decorrido de mudanças no sistema econômico, como a desregulamentação de diversos mercados ao longo da década de 1990 e a constituição de grandes empresas (*Restrições verticais e defesa da concorrência*: a experiência brasileira. São Paulo: Fundação Getulio Vargas, Escola de Economia de São Paulo, 2010. p. 11 (Textos para discussão n. 264).
8. Nos Estados Unidos, em seu primeiro discurso após tomar posse como chefe da Divisão Antitruste do Departamento de Justiça, em 2009, Christine A. Varney estabeleceu como meta o endurecimento na análise de condutas unilaterais, rejeitando expressamente um relatório da gestão anterior que afirmava que a investigação de condutas dessa natureza era muito complexa e envolvia um enorme risco de punição exagerada: "[o] Relatório soa como uma chamada de grande ceticismo à capacidade das autoridades antitruste - bem como dos tribunais antitruste - de distinguir entre atos anticoncorrenciais e conduta lícita, e levanta a inerente preocupação de que o fracasso de realizar distinções adequadas possa gerar uma 'repressão exagerada' a condutas potencialmente pró-competitivas. Não compartilho dessas preocupações. Acredito com veemência que as autoridades antitruste são capazes de separar o joio do trigo na identificação de atos exclusionários e predatórios. Como o Juiz Posner explicou, 'a doutrina antitruste é flexível o suficiente para acomodar as questões concorrenciais apresentadas pela nova economia'". Tradução livre de: "[t]he Report sounds a call of great skepticism regarding the ability of antitrust enforcers - as well as antitrust courts - to distinguish between anticompetitive acts and lawful conduct, and raises the related concern that the failure to make proper distinctions may lead to 'over-deterrence'

Essa mudança de foco gera um enorme impacto na discussão sobre o alcance da proteção conferida por patentes de invenção e outros direitos de propriedade intelectual, e a relação entre o direito antitruste e o direito de propriedade intelectual.

Há muitas situações na vida prática – e casos sob investigações ou já julgados por autoridades de defesa da concorrência em todo o mundo – nas quais se verifica que os detentores de direitos de propriedade intelectual conquistam poder de mercado justamente em decorrência de seus privilégios. Este fato demanda, portanto, a necessidade de realização de estudos aprofundados sobre o verdadeiro alcance desses direitos e em que medida seu exercício pode descambar em abusos de natureza concorrencial.

Outro fator que contribui para a atualidade do tema é o aumento do número de patentes conferidas pelos órgãos competentes no Brasil[9] e em outros países do mundo.[10]

Ora, muito embora a concessão de um privilégio não implique a imediata criação de poder econômico, a outorga de um número maior de patentes, atribuída à ampliação de investimentos em pesquisa e desenvolvimento, aumenta a probabilidade de que haja mais empresas que, em razão do pode-

with regard to potentially procompetitive conduct. I do not share these concerns. I strongly believe that antitrust enforcers are able to separate the wheat from the chaff in identifying exclusionary and predatory acts. As Judge Posner explained, ′antitrust doctrine is supple enough to take in stride the competitive issues presented by the new economy'" (VARNEY, Christine A. *Vigorous antitrust enforcement in this challenging era*. Disponível em: <http://www.justice.gov/atr/public/speeches/245711.htm>. Acesso em: 9 dez. 2010, rodapé no original).

9. De acordo com o Instituto Nacional da Propriedade Industrial – INPI, o número de patentes concedidas saltou de 1.842, em 2007, para 3.153, em 2009 (Instituto Nacional da Propriedade Industrial – INPI. *Boletim Estatístico de Patentes*. Editado em nov. 2010, p. 3. Disponível em: <https://www.inpi.gov.br/menu-esquerdo/instituto/estatisticas-new-version/>. Acesso em: 7 dez. 2010).

10. Richard J. Gilbert e Alan J. Weinschel, ao analisar as estatísticas oficiais norte-americanas, concluem que "[o] número total de patentes expedidas nos Estados Unidos aumentou a uma média de mais de 5% de 1984 para 2004". Tradução livre de "[t]he total number of patents issued in the United States increased at an average rate of more than 5 percent per year from 1984 to 2004". WEINSCHEL, Alan J.; GILBERT, Richard J. Competition policy for intellectual property: balancing competition and reward. ABA Section of Antitrust Law. *Issues in Competition Law and Policy*, v. 3, p. 2016-2017, 2008, rodapé no original.

rio que lhes confere o direito de propriedade intelectual, possam abusar desse poder. Nesses casos, podem gerar efeitos anticompetitivos em seus mercados de atuação e, como ocorre nos casos de venda casada, também naqueles que dependem do bem protegido pelo direito de patente ou pelas demais formas de propriedade intelectual.[11]

A crescente sofisticação da tecnologia aplicada na produção de bens também é um fator a ser considerado, sobretudo porque mais e mais produtos passam a depender de bens ou processos protegidos por direitos de propriedade intelectual.

Destarte, revela-se fundamental a boa compreensão de como esses privilégios devem ser utilizados para que se mitigue a ocorrência de situações artificiais de exclusão ou dependência que não guardam relação com os objetivos pretendidos pelo legislador ao autorizar a proteção das criações.

O problema é agravado por duas razões.

Em primeiro lugar, pela leniência dos órgãos de propriedade intelectual em seus processos de análise, resultando na outorga de privilégios que não necessariamente atendem aos fins previstos na legislação específica, e acabando por deturpar, em seu nascedouro, a lógica concorrencial em determinados mercados.[12]

---

11. Gustavo Piva de Andrade corrobora o raciocínio: "Na medida em que mais e mais direitos de propriedade intelectual são concedidos, aumenta-se o número de detentores de privilégios que, invariavelmente, fazem uso do seu respectivo "direito de excluir". Isso cria diversas tensões no campo concorrencial, o que tem levado muitos a questionar o próprio sistema de proteção à propriedade intelectual tal como hoje ele é conhecido" (ANDRADE, Gustavo Piva de. A interface entre a propriedade intelectual e o direito antitruste. *Revista da ABPI*, Rio de Janeiro, n. 91, p. 29, nov./dez. 2007).

12. A Federal Trade Commission – FTC, um dos órgãos antitruste dos Estados Unidos, realizou, em 2003, um amplo debate com a sociedade a respeito da interação entre direito antitruste e propriedade intelectual, tendo recomendado aos órgãos de propriedade intelectual que atentassem para os impactos concorrenciais que podem resultar de concessões de privilégios sem acurada análise prévia (United States. Federal Trade Commission – FTC. *To promote innovation*: the proper balance of competition and patent law and policy. A Report by the Federal Trade Commission, out. 2003. p. 5. Disponível em: <http://www.ftc.gov/os/2003/10/innovationrpt.pdf>. Acesso em: 12 dez. 2010).

Em segundo lugar, a dominante visão do direito de propriedade intelectual como um direito real desvinculado de sua função social[13] distorce sua função econômica e gera uma série de falsos problemas que poluem o debate sobre sua aplicação, sobretudo no âmbito de seu relacionamento com o direito antitruste. Neste, a seu turno, impera o temor à intervenção em casos envolvendo propriedade intelectual.[14] Por isso, parece oportuna a recomendação feita por Herbert Hovenkamp: "[...] o atual regime de indevidas disposições expansionistas de PI e uma política antitruste decentemente fundamentada sugerem que a defesa da concorrência não deva ser tão cuidadosa como foi no passado".[15]

Por mais paradoxal que pareça, uma das principais consequências do avanço tecnológico e da crescente utilização de direitos de propriedade intelectual pode ser o retardamento da inovação. Especialmente em determinados segmentos da economia, a existência de "inundação" (*flood*) ou "cipoal" (*thicket*) de direitos de propriedade intelectual (mormente patentes) interdependentes[16]

13. A ponto de falar-se em uma verdadeira "concepção fetichizada dos DPIs como 'propriedade privada'". PICCIOTTO, Sol; CAMPBELL, David. Afinal de contas, de quem é esta molécula? – Perspectivas privada e social sobre a propriedade intelectual. Tradução de José Augusto Fontoura Costa e Fernanda Sola. *Revista de Direito Empresarial*, São Paulo, v. 11, p. 49, jan./jun. 2009.
14. A título exemplificativo, vide fls. 1036 dos autos da Averiguação Preliminar n. 08012.001315/2007-21, arquivada pelo Conselho Administrativo de Defesa Econômica – CADE em 13.05.2009: "Se a Constituição Federal e a lei conferem o direito temporário de uso exclusivo de determinada tecnologia ao seu inventor, como forma de incentivo à pesquisa e ao desenvolvimento tecnológico; e se, como acima demonstrado, tal proteção exerce uma função social de estímulo à competição via diferenciação, real ou percebida, a intervenção da autoridade antitruste no sentido de limitar esse direito seria, no mínimo, bastante questionável".
15. HOVENKAMP, Herbert. Op. cit., p. 1983. Tradução livre de: "[...] the current regime of unduly expansionist IP provisions and a decently grounded antitrust policy suggest that antitrust should not be as cautions as it has been in the past".
16. Gustavo Piva de Andrade fornece um bom exemplo ao citar que existem nos Estados Unidos, na área de microprocessadores, 420 mil patentes pertencentes a 40 mil titulares. "A maioria dessas patentes, todavia, não protege produtos que são efetivamente comercializados, mas, sim, tratam-se de patentes defensivas, obtidas com o único propósito de bloquear a ação de concorrentes, impedindo-os de pesquisar e desenvolver possíveis tecnologias correlatas". ANDRADE, Gustavo Piva de. Op. cit., p. 39, rodapé no original.

resulta em altos custos de transação[17] e insegurança no desenvolvimento de criações.[18-19] Este seria um dos resultados do fenômeno denominado "tragédia dos anticomuns".[20]

17. Por exemplo, para o patenteamento de um determinado produto, uma empresa é obrigada a obter o licenciamento prévio de diversas outras patentes que são por ela utilizadas. Aqueles que desenvolvem novas tecnologias podem ser surpreendidos com a necessidade de negociação (às vezes infrutífera) com os detentores de patentes preexistentes. Afinal, conforme preceitua o artigo 44 da Lei n. 9.279, de 14 de maio de 1996: "Ao titular da patente é assegurado o direito de obter indenização pela exploração indevida de seu objeto, inclusive em relação à exploração ocorrida entre a data da publicação do pedido e a da concessão da patente".

18. Imagine-se o impacto que patentes adormecidas (das quais não se tem conhecimento) ou submarinas (que "emergem" subitamente) podem gerar em processos de desenvolvimento de novas tecnologias, podendo até mesmo comprometer o sucesso do empreendimento.

19. A teoria dos jogos mostra que "[...] a tentativa de ganhar nem sempre é a estratégia que maximiza os lucros; pelo contrário, esforços frequentemente têm por objetivo impedir que outros ganhem a corrida" (tradução livre de: "[...] trying to win is not always the profit-maximizing strategy, rather efforts often are aimed to prevent others from winning the race"). COLANGELO, Giuseppe. Avoiding the tragedy of the anticommons: collective rights organizations, patent pools and the role of antitrust. *LUISS Law and Economics Lab Working Paper*, n. IP-01-2004. SSRN – Social Science Research Network. Disponível em: <http://ssrn.com/abstract=523122>. Doi: 10.2139/ssrn.523122. Acesso em: 12 dez. 2010.

20. Giuseppe Colangelo (Avoiding the tragedy of the anticommons: collective rights organizations, patent pools and the role of antitrust, cit.) explica o conceito de maneira didática: "[...] Michael Heller recentemente apresentou a metáfora da tragédia dos anticomuns, explicando como o trabalho de Hardin ignora a possibilidade de subutilização quando muitas pessoas detêm direitos de excluir outras: ou seja, a privatização pode resolver uma tragédia [a tragédia dos comuns], mas pode causar outra.

    O termo foi cunhado por Frank Michelman que, desafiando a suposta eficiência da propriedade privada, definiu anticomuns como 'um tipo de propriedade na qual todos sempre detêm direitos aos objetos do regime, e ninguém, por conseguinte, tem o privilégio de usar qualquer deles, exceto se autorizado em caráter especial por outros'" (p. 7, rodapés no original).

    Tradução livre de: "[...] Michael Heller recently introduced the tragedy of the anticommons metaphor explaining how Hardin's paper overlooks the possibility

O debate promete ser mais caloroso em algumas indústrias, como tecnologia de informação:

> A propriedade intelectual – direitos autorais, patentes e segredos de negócios – promete desempenhar um papel cada vez mais importante na economia do século XXI, visto que a informação e a tecnologia da informação compreendem uma parcela cada vez maior da atividade econômica. Explicamos aqui alguns dos principais meios nos quais os direitos de propriedade intelectual são concedidos e utilizados na estratégia concorrencial. Não causa espanto a pressão para que a legislação de direitos autorais e de patentes evolua à medida que a tecnologia da informação avança tão rapidamente.[21]

---

of underuse when too many people have rights to exclude others: that is, privatization can solve one tragedy but can cause another.

The term was coined by Frank Michelman, who, challenging the presumptive efficiency of private property, defined anticommons as 'a type of property in which everyone always has rights respecting the objects in the regime, and no one, consequently, is ever privileged to use any of them except as particularly authorized by others'" (p. 7, rodapés no original).

E fala sobre a aplicação do conceito aos direitos de propriedade intelectual (no caso da indústria farmacêutica): "[...] Heller e Rebecca Eisenberg sugeriram que, em vez de incentivarem investimentos, a proliferação de direitos de propriedade intelectual (DPIs) fragmentados e sobrepostos na pesquisa biomédica é outro claro exemplo de propriedade de anticomuns na qual há uma situação de subutilização de recursos escassos e menos inovação, pois muitos detentores podem se bloquear mutuamente" (p. 9, rodapé no original). Tradução livre de: "[...] Heller and Rebecca Eisenberg have suggested that, instead of spurring investments, the proliferation of fragmented and overlapping intellectual property rights (IPRs) in biomedical research is another stark example of anticommons property in which there is a situation of underutilization of scare resources and lower innovation because too many owners can block each other".

21. FARRELL, Joseph; SHAPIRO, Carl. Intellectual property, competition and information technology. March 2004. *UC Berkeley Competition Policy Center Working Paper*, n. CPC04-45. SSRN – Social Science Research Network. Disponível em: <http://ssrn.com/abstract=527782>. Acesso em: 12 dez. 2010. Tradução livre de: "Intellectual property – copyrights, patents, and trade secrets – promises to play an increasingly important role in the economy of the 21st century as information and information technology comprise a greater and greater share of economic activity. We have explained here some of the key ways in which intellectual property rights are granted and used in competitive strategy. Not surprisingly, copyright

Tendo a importância do tema sido acima destacada, passa-se a explicar a estrutura deste trabalho, que se encontra dividido em duas principais partes, além desta introdução e das notas conclusivas.

O primeiro capítulo examinará de que forma a propriedade intelectual e o direito antitruste vêm se relacionando.

Mais especificamente, abordar-se-ão as justificativas de aplicação do direito antitruste a casos de abuso de poder econômico decorrente da má utilização de um direito de propriedade intelectual, inclusive no momento de seu licenciamento (quando pode ocorrer a venda casada). Em outras palavras, demonstrar-se-á que a outorga de um privilégio protegido pela legislação de propriedade intelectual não tem o condão de afastar o escrutínio da tutela antitruste a casos envolvendo abuso de poder econômico.

A despeito de o enfoque ser dado aos casos de venda casada, crê-se que essas justificativas podem ser utilizadas em todas as situações de abuso de poder econômico envolvendo direitos de propriedade intelectual, na medida em que são úteis para conferir um viés mais prático (ou até mesmo afastar) à inócua polêmica sobre a existência de um choque ou uma relação de complementaridade entre o direito antitruste e o direito de propriedade intelectual.

O segundo capítulo adentrará na discussão sobre a configuração da venda casada anticoncorrencial envolvendo direitos de propriedade intelectual. A divisão interna deste capítulo percorrerá os mais variados temas (contextualização, conceito, tipos, requisitos, possíveis efeitos anticompetitivos e justificativas) cuja discussão permitirá elucidar os principais passos que podem ser percorridos durante a análise antitruste da prática. Além disso, serão abordados os pacotes e *pools* de patentes, comumente tratados pela doutrina especializada quando da análise desse tipo de infração concorrencial.

O principal objetivo desse capítulo é examinar em quais situações uma venda ou licenciamento casado envolvendo direitos de propriedade intelectual pode ser considerado um abuso de poder econômico, tipificado nos artigos 20, *caput* e IV, e 21, XXIII, da Lei n. 8.884, de 11 de junho de 1994, e passível de sancionamento na forma prevista no artigo 68, da Lei n. 9.279, de 14 de maio de 1996, e no artigo 24, V, da Lei n. 8.884, de 11 de junho de 1994.

Por fim, serão feitas as notas conclusivas deste estudo, que mostrarão os resultados da pesquisa e confirmarão que a hipótese inicialmente aventada estava correta, ou seja, o direito antitruste é plenamente aplicável para punir

---

law and patent law are under pressure to evolve as information technology advances so rapidly".

casos de abuso de poder econômico (por exemplo, manifestado sob a forma de vendas casadas) envolvendo direitos de propriedade intelectual.

Além disso, será apresentada uma agenda de pesquisa e trabalho sobre o campo "antitruste e propriedade intelectual" que merece ser desenvolvida por estudiosos do direito antitruste e do direito da propriedade intelectual, e também pelas autoridades competentes.

Do ponto de vista metodológico, duas observações devem ser feitas de antemão, embora outras venham a ser adiante pontuadas.

A primeira observação metodológica é que, embora o tema abranja todos os direitos de propriedade intelectual, o foco recairá sobre a venda casada envolvendo invenções (produtos ou processos passíveis de patenteamento). E a justificativa da ênfase é bastante simples e razoável: é sobre este direito que a doutrina e a jurisprudência debruçam-se com maior vigor quando abordam o assunto em comento.

No entanto, seja pela natureza dos direitos de propriedade intelectual, seja pelas características que lhes compelem a formar um ramo específico do Direito, entende-se que a concentração do estudo nos direitos de patente não compromete a utilização dos resultados aqui reportados em assuntos relacionados aos demais direitos de propriedade intelectual.

Ademais, ressalte-se que exemplos de casos de vendas casadas envolvendo outros direitos de propriedade intelectual (*software*, direitos de autor, modelos de utilidade, desenhos industriais, cultivares e marcas) serão mencionados na medida em que auxiliem a análise aqui feita.

A segunda observação metodológica refere-se às fontes utilizadas para enfrentar o tema proposto. Com relação ao recorte teórico, foram utilizadas as doutrinas pátria e estrangeira (com destaque para a norte-americana) para entender a relação entre o direito antitruste e o direito da propriedade intelectual.

No tocante à utilização de jurisprudência, especialmente para a compreensão da análise de casos de venda casada envolvendo propriedade intelectual, optou-se por utilizar a jurisprudência norte-americana, e, em menor medida, a europeia.

E justifica-se tal decisão por três fatores.

Em primeiro lugar, porque, conforme já mencionado, não há casos relevantes envolvendo abuso de poder econômico e direitos de propriedade intelectual que tenham sido examinados pelas autoridades brasileiras de defesa da concorrência.

Em segundo lugar, a discussão específica sobre vendas casadas envolvendo direitos de propriedade intelectual é tão intensa nos Estados Unidos que resultou na criação de um ramo próprio de análise jurisprudencial, conforme destaca a doutrina norte-americana:

> Embora haja muitas similaridades na análise jurídica das vendas casadas (ou *tie-ins*) que envolvem patentes ou outros direitos de propriedade intelectual e as que não envolvem, as questões particulares que surgem da vinculação envolvendo propriedade intelectual criaram seu próprio corpo de jurisprudência. Os desenvolvimentos da análise de vendas casadas que envolvem patentes são consistentes com nosso crescente entendimento das questões concorrenciais e econômicas relacionadas a patentes e outros direitos de propriedade intelectual.[22]

Em terceiro e último lugar, a utilização das experiências norte-americana e europeia para dar luz à análise das vendas casadas envolvendo direitos de propriedade intelectual no Brasil justifica-se porque, a despeito de algumas diferenças pouco relevantes,[23] os debates ali travados são compatíveis dos pontos de vista legal e econômico e, possivelmente, serão igualmente enfrentados pelas autoridades brasileiras quando se depararem com questões similares no Brasil.

---

22. McDAVID, Janet; LOBENFELD, Eric; MINTZER, Erica; SCHECHTER, Minda. *Patents and tying arrangements,* ABA Section of Antitrust Law. *Issues in Competition Law and Policy*, p. 2037, n. 3, 2008. Tradução livre de: "Although there are many similarities in the legal analysis of tying arrangements (or tie-ins) that involve patents or other intellectual property and those that do not, the distinct issues that arise from tying involving intellectual property have generated their own body of jurisprudence. The developments in the analysis of tie-ins involving patents comport with our increased understanding of the competitive and economic issues involved in patents and other intellectual property".
23. Exemplificativamente, os Estados Unidos preveem que a venda casada pode ser examinada de acordo com a regra da razão (pela qual uma prática deverá ser julgada após um detido balanceamento de seus efeitos anticompetitivos e suas eficiências ou justificativas) ou receber um tratamento *per se* (se preenchidos alguns requisitos, a prática será condenada sem a necessidade de realização do citado balanceamento). No Brasil, conforme regulamentado na Resolução n. 20, expedida pelo Conselho Administrativo de Defesa Econômica – CADE em 09 de junho de 1999, as vendas casadas serão necessariamente examinadas de acordo com a regra da razão.

CAPÍTULO 1

Justificativas da Aplicação do Direito Antitruste a Casos de Abuso de Poder Econômico Envolvendo Direitos de Propriedade Intelectual

Em linhas gerais, pode-se conceituar a venda casada anticoncorrencial envolvendo direitos de propriedade intelectual como uma prática comercial restritiva levada a cabo por um agente que detém poder econômico no mercado do produto principal (*tying product*), protegido por um direito de propriedade intelectual, e que abusa deste direito,[24] por meio da alteração artificial das relações de concorrência no mercado do produto ou serviço secundário (*tied product*), que pode ou não ser protegido por um direito de propriedade intelectual.

Seus elementos caracterizadores, efeitos anticoncorrenciais e possíveis justificativas serão detalhados no próximo capítulo, cabendo por ora endereçar o pano de fundo que invariavelmente permeia a análise de qualquer tipo de infração anticoncorrencial envolvendo direitos de propriedade intelectual (e que é tratado na vasta maioria dos estudos a respeito da interação entre direito antitruste e propriedade intelectual): a existência de um direito de propriedade intelectual, concebido e regulado em legislação própria, afasta a aplicação das regras de defesa da concorrência?

24. O diploma antitruste vigente no Brasil, a Lei n. 8.884, de 11 de junho de 1994, dispõe que a mera potencialidade de geração de efeitos anticompetitivos advindos de um abuso de poder econômico também constitui uma prática anticompetitiva punível na forma ali estabelecida (artigo 20, *caput*. Constituem infração da ordem econômica, independentemente de culpa, os atos sob qualquer forma manifestados, que tenham por objeto ou possam produzir os seguintes efeitos, *ainda que não sejam alcançados*: [...], g.n.).

Conforme adiantado na introdução, a resposta é negativa (e de forma bastante veemente com relação às vendas casadas), a despeito de exemplos contrários em determinados momentos da história do relacionamento entre ambos os ramos do Direito.[25]

No entanto, o que se revela interessante neste debate não é concluir que o direito antitruste pode ser aplicado a casos envolvendo direitos de propriedade intelectual, mas sim as razões que levam a tal conclusão.

Seja sob uma perspectiva jurídica de sua interação com as normas de defesa da concorrência, seja sob uma perspectiva da função econômica dos direitos de propriedade intelectual e de seu licenciamento, adianta-se que o resultado aqui apresentado não se coaduna com o senso comum amplamente difundido de que a livre e plena aplicação do direito antitruste justifica-se em razão de seu suposto objetivo comum com a propriedade intelectual: incentivar a inovação.

De fato, verificou-se na doutrina e na jurisprudência uma tendência bastante acentuada de aceitação da presunção de que os direitos de propriedade intelectual contribuem para incentivar o processo de "destruição criativa"[26] e os investimentos em pesquisa e desenvolvimento, o que permitiria concluir que os direitos antitruste e de propriedade intelectual são, cada qual com suas características, responsáveis por incentivar a competição e a inovação no longo prazo.

Nessa esteira, costuma-se afirmar que, enquanto o direito de propriedade intelectual seria responsável por "promover a inovação na concorrência por meio da concessão de exclusividade por um período limitado, durante o qual um inventor pode explorar a inovação",[27] o direito antitruste "encoraja

25. Como mencionado na introdução, o Brasil não presenciou, até o presente momento, intensos debates a respeito do relacionamento entre direito antitruste e propriedade intelectual. Por outro lado, conforme será tratado adiante, a discussão sobre a extensão da aplicação do direito antitruste em casos envolvendo direitos de propriedade intelectual é particularmente rica nos Estados Unidos, que desde o final do século XIX é palco de verdadeiras batalhas jurídicas que ora priorizam os direitos de propriedade intelectual, ora o direito antitruste, ora a harmonia entre ambos os ramos. Nas últimas décadas do século XX, a Europa também passou a congregar importantes discussões sobre o assunto.

26. Expressão cunhada por Joseph A. Schumpeter em *Capitalism, socialism and democracy*. 4. ed. London: Allen and Unwin, 1976. p. 83.

27. ABA. Section of Antitrust Law. *Intellectual property and antitrust handbook*. Chicago: ABA Publishing, 2007. p. 1. Tradução livre de: "foster competition innovation though the award of exclusivity for a limited time during which an inventor can exploit the innovation".

a concorrência – inclusive a concorrência na inovação – ao restringir comportamento exclusionário e limitar a capacidade dos rivais de coordenar sua conduta".[28]

Esta solução harmoniosa para o aparente conflito entre direito antitruste e propriedade intelectual também aparece no Guia Antitruste para o Licenciamento de Propriedade Intelectual (*Antitrust Guidelines for the Licensing of Intellectual Property*), editado em 1995 pelas autoridades de defesa da concorrência dos Estados Unidos:

> As leis de propriedade intelectual e as leis antitruste têm em comum o objetivo de promover a inovação e aumentar o bem-estar do consumidor. As leis de propriedade intelectual fornecem incentivos à inovação e sua disseminação e comercialização, ao estabelecer direitos de propriedade exequíveis aos criadores de produtos novos e úteis, de processos mais eficientes e de obras de expressão originais. Na ausência de direitos de propriedade intelectual, os imitadores poderiam explorar mais rapidamente os esforços de inovadores e investidores sem compensação. A imitação rápida reduziria o valor comercial da inovação e erodiria os incentivos para investir, em última análise em detrimento dos consumidores. As leis antitruste promovem a inovação e o bem-estar do consumidor ao proibir determinados atos que podem prejudicar a concorrência com relação a meios novos ou existentes de atender ao consumidor.[29]

A Comissão Europeia possui o mesmo entendimento:

28. Id., loc. cit. Tradução livre de: "encourage competition – including competition to innovate – by restricting exclusionary behavior and limiting rivals' ability to coordinate their conduct".

29. Item 1. Tradução livre de: "The intellectual property laws and the antitrust laws share the common purpose of promoting innovation and enhancing consumer welfare. The intellectual property laws provide incentives for innovation and its dissemination and commercialization by establishing enforceable property rights for the creators of new and useful products, more efficient processes, and original works of expression. In the absence of intellectual property rights, imitators could more rapidly exploit the efforts of innovators and investors without compensation. Rapid imitation would reduce the commercial value of innovation and erode incentives to invest, ultimately to the detriment of consumers. The antitrust laws promote innovation and consumer welfare by prohibiting certain actions that may harm competition with respect to either existing or new ways of serving consumers".

> Com efeito, estes dois corpos legislativos têm o mesmo objectivo fundamental, que consiste em promover o bem-estar dos consumidores, bem como uma afectação eficaz dos recursos. A inovação constitui uma componente essencial e dinâmica de uma economia de mercado aberta e competitiva. Os direitos de propriedade intelectual favorecem uma concorrência dinâmica, incentivando as empresas a investirem no desenvolvimento de produtos e de processos novos ou melhorados. O mesmo faz a concorrência, na medida em que pressiona as empresas a inovar. Por esta razão, tanto os direitos de propriedade intelectual como a concorrência são necessários para promover a inovação e garantir que esta é explorada em condições competitivas.[30]

No entanto, a justificativa é pobre e incompleta. Em vista da ausência da necessária comprovação científica de que os direitos de propriedade intelectual sejam realmente decisivos para o processo de inovação e que contribuem para o desenvolvimento econômico de uma determinada nação, parece impreciso, do ponto de vista puramente científico (e não de política pública), elevar o *status* desses direitos para um patamar onde não (necessariamente) se encontra.

Nesse sentido, até mesmo os defensores dessa visão um pouco romanceada da interação entre direito antitruste e propriedade intelectual apontam que a justificativa para sua harmonia está baseada em ressalvas relevantes:

> Esses conflitos de análise de bem-estar entre antitruste e propriedade intelectual podem ser evitados, ou no mínimo atenuados, incorporando-se na análise incentivos à inovação e os benefícios da concorrência dinâmica de longo prazo. Na teoria, os incentivos à inovação (como os direitos de propriedade intelectual exequíveis) permitem que os produtores colham uma parte dos ganhos dos consumidores no curto prazo, ao mesmo tempo em que aumentam os ganhos dos consumidores no longo prazo, por meio de produtos e serviços novos e aprimorados. Embora essa teoria tenha como base inúmeras suposições, elas em geral são tidas como satisfeitas e, de fato, fornecem a justificativa intelectual para realmente manter-se um sistema de proteção à propriedade intelectual. Não obstante, ainda permanecem questões complexas precisamente quanto ao nível de proteção de propriedade intelectual que deve ser fornecido, e onde e como restringir a proteção que gere pouco incentivo à

30. "Orientações relativas à aplicação do artigo 81.º do Tratado CE aos acordos de transferência de tecnologia" (item 7), publicadas no Jornal Oficial da União Europeia em 27 de abril de 2004. Ressalte-se que o artigo 81.º foi renumerado para 101.º, de acordo com a alteração promovida pelo Tratado de Lisboa firmado em 2007.

inovação dinâmica em função do custo estático de preços mais altos no curto prazo. Há uma dificuldade óbvia em elaborar essas regras; contudo, é essa a meta máxima de bem-estar dos direitos antitruste e de propriedade intelectual.[31]

E é justamente essa a razão pela qual o presente capítulo foi desenvolvido: dar contornos de realidade, sob os pontos de vista jurídico e econômico, à ideia entusiasmadamente propalada, porém não plenamente fundamentada, de que direito antitruste e propriedade intelectual devem ser interpretados de forma harmônica por comungarem do mesmo credo.

E isso será feito por meio da apresentação de justificativas que parecem ser suficientes para autorizar a aplicação do direito antitruste à propriedade intelectual, sem que se recorra a argumentos que não necessariamente refletem a dinâmica de incentivos criada por esses direitos ou o papel que lhes foi conferido pelo ordenamento jurídico pátrio.

De antemão, ressalte-se que não se está afirmando que a existência de uma proteção legal conferida por um direito de propriedade intelectual não funcione como incentivo para a atividade inventiva ou para seu financiamento.

Esta é a pergunta de um milhão de dólares que ainda não foi adequadamente respondida por formuladores de políticas públicas e teóricos do sistema de propriedade intelectual. E não está dentro do escopo deste trabalho aprofundá-la e, muito menos, respondê-la.[32]

---

31. ABA. Section of Antitrust Law. *Intellectual property and antitrust handbook*, cit., p. 36-37, rodapés no original. Tradução livre de: "Such conflicts between antitrust and intellectual property welfare analysis may be avoided, or at least minimized, by incorporating innovation incentives and the benefits of long-term dynamic competition into the analysis. In theory, innovation incentives (such as enforceable intellectual property rights) allow producers to harvest a portion of consumers' surplus in the short term, yet increase consumers' surplus in the long term via new and improved goods and services. While this theory rests on a number of assumptions, these assumptions are generally taken to be satisfied and, indeed, provide the intellectual underpinning for having a system of intellectual property protection at all. Nevertheless, there remain difficult questions as to precisely how much intellectual property protection to provide, and where and how to draw the line against protection that generates too little dynamic innovation incentive relative to the static cost of higher prices in the short run. Crafting such rules is obviously difficult; nevertheless, it is the ultimate welfare goal of antitrust and intellectual property law".

32. Para uma visão geral sobre a complexidade do debate, recomenda-se a leitura de BARCELLOS, Milton Lucídio Leão. *Propriedade industrial & Constituição*. Porto Alegre: Livr. do Advogado, 2007. p. 27-48, e ABBOTT, Frederick; COT-

O que se pretende demonstrar é que há outras justificativas suficientes que revelam que o direito antitruste pode e deve ser aplicado integralmente a casos de abuso envolvendo direitos de propriedade intelectual.[33]

Essas justificativas estão organizadas e são apresentadas de acordo com sua natureza (jurídica ou econômica). Isolada ou conjuntamente, permitem concluir que o direito antitruste é a ferramenta adequada para investigar e sancionar o abuso de poder econômico que pode decorrer do mau uso de determinados direitos de propriedade intelectual.[34]

As justificativas jurídicas encontradas durante o estudo são duas.

Em primeiro lugar, tem-se que o direito antitruste não pune o poder econômico legitimamente adquirido (mesmo que obtido por meio de um privilégio temporário, como ocorre com a outorga de direitos de propriedade intelectual), mas sim seu abuso, o que implica dizer que o direito antitruste pode e deve ser aplicado a qualquer hipótese de inadequada exploração do direito (inclusive sua não exploração), e, quiçá, aos casos em que a propriedade intelectual tenha sido ilegalmente outorgada.

Em segundo lugar, o texto constitucional brasileiro (e outros diplomas jurídicos mundo afora, investigados durante a pesquisa) não imuniza o exercício dos direitos de propriedade intelectual às regras de defesa da concorrência, sendo imperioso concluir-se que o direito antitruste aplica-se integralmente para coibir e reprimir o abuso que de seu exercício pode resultar.

A seu turno, as justificativas econômicas também são duas.

A primeira delas, já mencionada, é que não existe comprovação dos efeitos dos direitos de propriedade intelectual sobre a inovação, o que deixa espaço para uma aplicação menos reticente do direito antitruste.

A segunda, que se revela bastante relevante para a discussão das vendas casadas, é que o licenciamento desses direitos pode vir acompanhado de restrições que geram distorções artificiais nos mercados envolvidos, sendo mister a intervenção antitruste para restabelecer as justas condições de concorrência

TIER, Thomas; GURRY, Francis. *The international intellectual property system*: commentary and materials. Part one. Haia: Kluwer Law International, 1999. p. 222-246.

33. Conforme será melhor detalhado, a própria ausência de comprovação dos efeitos dos direitos de propriedade intelectual sobre os incentivos à inovação é uma dessas justificativas.

34. Desde já, ressalta-se que nem todo abuso de um direito de propriedade intelectual implica que se está diante de uma infração antitruste, pois nem todo direito de propriedade intelectual confere poder econômico a seu detentor.

que devem existir mesmo em um cenário de proteção pelo direito de propriedade intelectual.

Passar-se-á a analisar cada uma dessas justificativas, cabendo uma ressalva importante com relação ao escopo deste trabalho.

Não se endereçará aqui uma das questões mais intensamente debatidas pelos estudiosos e aplicadores do direito antitruste: quem é seu protagonista (eficiência alocativa dos mercados, bem-estar do consumidor, desenvolvimento industrial, produtividade, pequeno e médio negócio, ou concorrência instrumental). Ao redor do mundo e em diversos momentos do desenvolvimento do direito antitruste, pode-se verificar mudanças com relação a esta questão.[35]

Para os fins do presente estudo, adotar-se-á a solução indicada nos textos legais brasileiros, mais especificamente na Resolução n. 20, de 9 de junho de 1999, expedida pelo Conselho Administrativo de Defesa Econômica - CADE, que, ao estabelecer um balanço entre efeitos anticompetitivos e possíveis benefícios (eficiências) para definir-se pela condenação ou absolvição de uma empresa por práticas anticompetitivas,[36] parece tender para a identificação do bem-estar social como objetivo da política antitruste. Ou seja, mesmo se uma determinada prática gerar efeitos anticompetitivos, seus possíveis benefícios (por exemplo, a criação de eficiências dinâmicas) poderão motivar uma decisão que permita sua continuidade.

Tal solução metodológica é bastante simplista, mas não parece interferir no resultado final da pesquisa aqui apresentada. No entanto, cumpre ressaltar que o autor possui um entendimento bastante firme a respeito do papel do direito antitruste no combate ao abuso de poder econômico, que se coaduna com o pensamento de Daniel K. Goldberg, para quem o direito antitruste deve ser visto como instrumento de uma política pública que, por sua vez, deve ser "avaliada e construída a partir de seus efeitos sobre o bem-estar dos indivíduos [...], bem como da capacidade das autoridades de defesa da concorrência em administrar arranjos superiores àqueles originalmente identificados como fa-

35. Para uma visão completa sobre o assunto, vide GOLDBERG, Daniel K. *Poder de compra e política antitruste*. São Paulo: Ed. Singular, 2006, especialmente nas p. 21-186, e MOTTA, Massimo. *Competition policy*: theory and practice. 12. ed, New York: Cambridge University Press, 2009. p. 17-30. Para uma análise do direito antitruste como instrumento de implementação de políticas públicas, vide FORGIONI, Paula A. *Os fundamentos do antitruste*. 3. ed. São Paulo: Ed. Revista dos Tribunais, 2008. p. 193-199.

36. Anexo II, letra A.

lhos", "ponderando, em cada caso concreto, eficiências estáticas e dinâmicas, e privilegiando a solução que incremente riqueza e bem-estar social".[37]

1.1 Justificativas jurídicas

1.1.1 O direito antitruste não pune o poder econômico legitimamente adquirido, mas sim seu abuso

O direito antitruste tem por objetivo, conforme previsão constitucional (artigo 173, § 4.º), prevenir e reprimir o abuso de poder econômico, e não o poder de mercado que pode ser gerado pela simples detenção de um direito de propriedade intelectual.[38]

Destarte, se o poder econômico eventualmente oriundo de um direito dessa natureza não foi ilegalmente adquirido ou artificialmente mantido, "o direito antitruste não existe para destruir o poder de mercado ou mesmo para preservar qualquer concorrente em especial; pelo contrário, o direito antitruste moderno apenas condena condutas e contratos anticoncorrenciais".[39]

De fato, punir o poder de mercado seria punir aquilo que se quer preservar em um ambiente onde se assume que a competição é um dos principais motores de desenvolvimento econômico, cujo resultado esperado são produtos melhores, a preços menores.

Conforme bem resumido em uma decisão judicial nos Estados Unidos, "[o] concorrente bem-sucedido, tendo sido impelido a concorrer, não pode ser perseguido quando ganha".[40]

Este também é o entendimento do Conselho Administrativo de Defesa Econômica – CADE:

---

37. GOLDBERG, Daniel K. Op. cit., p. 133.

38. A criação de poder de mercado *ex ante* e a natureza concorrencial do direito de propriedade intelectual é um tema interessante e pode ser abordado em outros estudos, mas, conforme ressaltado na introdução, está-se aqui tratando de como o direito antitruste pode atuar de maneira *ex post*, ou seja, depois de outorgado o direito de propriedade intelectual.

39. ABA. Section of Antitrust Law. *Intellectual property and antitrust handbook*, cit., p. 58. Tradução livre de: "antitrust law does not exist to destroy market power or even to preserve any particular competitor; instead, modern antitrust law only applies liability to anticompetitive conduct and agreements".

40. Caso *Aluminum Co.*, julgado pelo 2.º Circuito norte-americano em 1945 (148 F.2d, p. 416). Tradução livre de: "[t]he successful competitor, having been urged to compete, must not be turned upon when he wins".

> [a] realização do lucro decorrente de posições alcançadas pelo exercício legítimo das regras de mercado é a base do incentivo para que firmas concorram em redução de custos, aumento de qualidade e inovação. Impedir, por meio da política de defesa da concorrência, a realização de tais ganhos [...] seria contradizer o fundamento da mesma política.[41]

A Lei n. 8.884, de 11 de junho de 1994, tipifica a venda casada em seu artigo 21, inciso XXIII.[42] No entanto, assim como as demais práticas arroladas no mesmo dispositivo legal, somente será considerada anticoncorrencial na medida em que também for considerada um abuso de poder econômico, conforme preceitua seu artigo 20, *caput*, e inciso IV.[43]

Referido diploma legal expressamente isenta os detentores de poder econômico – que o adquiriram de maneira legítima – de serem punidos pela simples detenção desta condição:

> A conquista de mercado resultante de processo natural fundado na maior eficiência de agente econômico em relação a seus competitores não caracteriza o ilícito previsto no inciso II.[44]

A impossibilidade de caracterização de uma prática anticompetitiva decorrente da detenção de poder econômico legitimamente adquirido e mantido é corroborada pelo Guia Antitruste para o Licenciamento de Direitos de Propriedade Intelectual norte-americano:

> Assim como com qualquer outro ativo tangível ou intangível que permite a seu proprietário obter significativos lucros supracompetitivos, o poder de mercado (ou mesmo um monopólio) que seja exclusivamente

41. Voto do Conselheiro Relator Paulo Furquim de Azevedo nos autos do Processo Administrativo n. 08012.008340/2002-21 (Companhia Siderúrgica Nacional), fls. 2568, julgado pelo Conselho Administrativo de Defesa Econômica - CADE em 10.12.2008.
42. "[S]ubordinar a venda de um bem à aquisição de outro ou à utilização de um serviço, ou subordinar a prestação de um serviço à utilização de outro ou à aquisição de um bem."
43. Conforme ressaltado anteriormente, os demais incisos do referido dispositivo legal não serão aqui tratados.
44. Artigo 20, § 1.º O inciso II em questão retrata justamente a hipótese de dominação de mercados. A leitura desse inciso, em conjunto com o § 1.º, permite concluir que, se a posição dominante foi adquirida de maneira lícita, por maior competência ("eficiência") do competidor, não há como puni-lo simplesmente em razão de ter sido bem-sucedido neste processo.

> 'consequência de um produto superior, tino comercial ou acidente histórico' não viola as leis antitruste.[45]

Em que momento surge então o problema antitruste?

Justamente quando o poder de mercado for ilegalmente adquirido, mantido ou ampliado. E é precisamente neste ponto que a discussão sobre o escopo da proteção conferida pelo direito de propriedade intelectual ganha relevância: se extrapolar seu conteúdo, o detentor do direito pode estar cometendo um mau uso ou abuso.

Denis Borges Barbosa apresenta este tipo de abuso do direito de propriedade intelectual de maneira bastante didática:

> Abusa de um direito quem o usa, para começar, além dos limites do poder jurídico. Se a patente dá exclusividade para um número de atos, e o titular tenta, ao abrigo do direito, impor a terceiros restrições a que não faz jus, tem-se o exemplo primário do abuso de direito. Em resumo, o titular que desempenha uma atividade que ostensivamente envolve uma patente, mas fora do escopo da concessão, está em abuso de patente.[46]

Seu pensamento aplica-se de maneira ímpar à disciplina da venda casada, prática em que o condicionamento de produtos ou serviços secundários, estranhos ao conteúdo do privilégio concedido,[47] revela-se em clara restrição imposta a terceiros.[48]

No entanto, além de excesso de poderes, o titular de um direito de propriedade intelectual poderá cometer um abuso quando exercer seu direito com desvio de finalidade. Mas qual sua finalidade? De acordo com Denis Borges Barbosa:

---

45. Item 2.2. Tradução livre de: "As with any other tangible or intangible asset that enables its owner to obtain significant supracompetitive profits, market power (or even a monopoly) that is solely 'a consequence of a superior product, business acumen, or historic accident' does not violate the antitrust laws".

46. BARBOSA, Denis Borges. Licenças compulsórias: abuso, emergência nacional e interesse público. *Revista da ABPI*, Rio de Janeiro, n. 45, p. 9, mar./abr. 2000, rodapé no original.

47. No caso das patentes, a Lei n. 9.279, de 14 de maio de 1996, fornece uma precisa descrição daquilo que deve ser considerado o conteúdo da invenção: "Artigo 41. A extensão da proteção conferida pela patente será determinada pelo teor das reivindicações, interpretado com base no relatório descritivo e nos desenhos".

48. Como será abordado no capítulo 2, a questão é saber se a venda casada é "natural" ou "coercitiva", se gera efeitos anticompetitivos ou se pode de alguma forma ser justificada.

> [...] o que caracteriza a patente como uma forma de uso social da propriedade é o fato de que é um direito limitado por sua função: ele existe enquanto socialmente útil. Como um mecanismo de restrição à liberdade de concorrência, a patente deve ser usada de acordo com sua finalidade. O uso da exclusiva em desacordo com tal finalidade é contra direito. [49]

Desse modo, continua o autor a caracterizar o que seria o abuso por desvio de finalidade:

> Abuso, além de excesso de poderes, é também desvio de finalidade. As finalidades da patente têm, em nosso direito, um desenho constitucional. Como já visto, a patente tem por fim imediato a retribuição do criador, e como fim mediato o interesse social e o desenvolvimento tecnológico e econômico do país. Cada uma dessas finalidades implica uma análise de uso compatível com o direito e a indicação do uso contrário ou além do mesmo direito.
>
> A primeira faceta do abuso de direitos de patentes é a natureza da retribuição do criador. A Carta não determina a recompensa monetária do inventor, como, outrora, na União Soviética, mas assegura a ele uma oportunidade exclusiva do uso de sua tecnologia para a produção econômica, ou seja, uma restrição à concorrência. Assim, o regime de patentes é uma exceção ao princípio de liberdade de mercado, determinada pelo artigo 173, § 4.º, da Constituição, e radicada nos artigos 1.º, inciso IV, e 170, IV.
>
> Toda exceção a um princípio fundamental da Constituição importa em aplicação ponderada e restrita. Assim, a restrição resultante da patente se sujeita a parâmetros de uso que não excedam o estritamente necessário para sua finalidade imediata, qual seja, o estímulo eficaz, porém moderado e razoável ao inventor. Tudo que restringir a concorrência mais além do estritamente necessário para estimular a invenção, excedendo ao fim imediato da patente – é abuso.[50-51]

49. BARBOSA, Denis Borges. Licenças compulsórias: abuso, emergência nacional e interesse público, cit., p. 4.

50. Id. Ibid., p. 9-10.

51. Conforme será elaborado no próximo tópico, uma precisa distinção entre o direito fundamental e o exercício desse direito parece ser suficiente para afastar a dúvida sobre se o regime de propriedade intelectual é ou não uma "exceção ao princípio de liberdade de mercado, determinada pelo artigo 173, § 4.º, da Constituição, e radicada nos artigos 1.º, inciso IV, e 170, IV".

Como visto no trecho reproduzido, no que se refere especificamente às patentes, a Constituição Federal, em seu artigo 5.º, XXIX, dispõe que os privilégios sobre inventos industriais serão outorgados para que sejam utilizados "tendo em vista o desenvolvimento tecnológico e econômico do país". No entanto, a doutrina afirma que a proteção conferida por todos os direitos de propriedade intelectual será outorgada e mantida na medida em que eles atenderem à função estabelecida:

> [...] resta nítida a preocupação do Constituinte de 1988 no sentido de que tais direitos, talhados pela legislação infraconstitucional, sejam concedidos e exercidos com algumas limitações em favor do interesse comum, para que, de fato, sirvam como vetores do progresso e não como ferramentas para proteção de interesses egoísticos de seus titulares. Ao nosso tempo, já não se concebe, sob os auspícios da Constituição Federal, que direitos de propriedade intelectual sejam concedidos, exercidos ou interpretados em desacordo com esta orientação.
>
> Frise-se, nesse passo, que, tais balizas constitucionais vinculam o legislador ordinário, o Poder Judiciário e o titular do direito de propriedade, que deve direcionar seu exercício ao fim social definido pelo legislador ordinário – o desenvolvimento social, cultural, tecnológico e econômico do País.
>
> Note-se, ainda, que na era da funcionalização do direito, importa saber como os direitos de propriedade intelectual serão utilizados de maneira a atender ao interesse de seus titulares, juntamente com o interesse coletivo. A função social, portanto, aponta para o exercício harmonioso dos direitos imateriais, que satisfaça os anseios de seus titulares e da sociedade simultaneamente.[52-53]

Cumpre ressaltar que o Código Civil também determina que o exercício do direito deve atender a seu fim econômico ou social, caso contrário, está-se

52. SILVEIRA, Newton; SANTOS JR., Walter Godoy dos. Propriedade intelectual e liberdade. *Revista de Direito Mercantil, Industrial, Econômico e Financeiro*, São Paulo, n. 142, p. 10-11, abr./jun. 2006, rodapés no original.

53. Nessa linha, Denis Borges Barbosa ressalta que os direitos autorais também devem atender a sua função social: "Certo é que, no que for objeto de *propriedade* (ou seja, no alcance dos direitos patrimoniais), o direito autoral também está sujeito às limitações constitucionalmente impostas em favor do bem comum – *a função social da propriedade* de que fala o Art. 5.º, XXIII da Carta de 1988." BARBOSA, Denis Borges. Nota sobre as noções de exclusividade e monopólio em propriedade intelectual, p. 14. Disponível em: <denisbarbosa.addr.com/monopolio.doc>. Acesso em: 13 dez. 2010, grifos no original.

diante de um ato ilícito: "[t]ambém comete ato ilícito o titular de um direito que, ao exercê-lo, excede manifestadamente os limites impostos pelo seu fim econômico ou social, pela boa-fé ou pelos bons costumes".[54]

O mau uso do direito de propriedade intelectual que vá de encontro a essa finalidade (função) deve ser punido pelas ferramentas adequadas. Se o mau uso caracterizar um abuso de poder econômico, as ferramentas adequadas para inibi-lo e reprimi-lo (leia-se: o direito antitruste) devem ser plenamente utilizadas.

Para que uma das modalidades de abuso (extrapolação do escopo ou desvio de finalidade) possa ser caracterizada como infração antitruste, as autoridades de defesa da concorrência deverão empreender uma análise do mercado envolvido na prática (no caso de venda casada, nos dois ou mais mercados envolvidos), bem como da subsequente comprovação de uma situação de poder de mercado.[55]

Uma vez constatada a presença de poder de mercado e diante de uma situação de abuso do direito de propriedade intelectual, o direito antitruste poderá intervir para restabelecer as condições de concorrência em um ou mais mercados afetados pela prática anticompetitiva.

Além de estudiosos do direito de propriedade intelectual e do direito antitruste, a posição de que "a lei de concorrência é a principal via jurídica para o exercício do controle sobre o abuso de poder com relação a direitos de propriedade intelectual"[56] é defendida por autoridades de defesa da concorrência e pelo Poder Judiciário (mais uma vez, o norte-americano).

A título exemplificativo, veja-se o entendimento do ex-conselheiro Robert Pitofsky, da Federal Trade Commission – FTC, uma das autoridades de defesa da concorrência norte-americanas:

> Em termos de política, estamos em situação confortável ao recompensar a inovação por meio de patentes e direitos autorais, contanto que a

54. Lei n. 10.406, de 10 de janeiro de 2002, artigo 187.
55. BARBOSA, Denis Borges. Licenças compulsórias: abuso, emergência nacional e interesse público, cit., p. 10.
56. ABBOTT, Frederick M. The political economy of the WIPO development agenda. In: BARTON, John H.; ABBOTT, Frederick M.; CORREA, Carlos M.; DREXL, Josef; FORAY, Dominique; MARCHANT, Ron. *Views on the future of the intellectual property system.* Genebra: International Centre for Trade and Sustainable Development (ICTSD), 2007. p. 11. (Selected Issue Briefs, n. 1). Tradução livre de: "[c]ompetition law is the principal legal avenue for exercising control over abuse of power with respect to intellectual property rights".

> compensação não exceda significativamente o necessário para encorajar o investimento na inovação, e que o poder de mercado resultante não seja utilizado para distorcer a concorrência, por exemplo, em mercados de produtos ou serviços relacionados.[57]

O Poder Judiciário norte-americano também se manifestou a respeito dos limites do direito de propriedade intelectual, conforme descrito por Stephen M. Maurer e Suzanne Scotchmer:

> A Suprema Corte estabeleceu que uma licença não pode ser utilizada para criar um monopólio sobre qualquer produto que não seja a própria invenção (Schlicher, 2002) e o monopólio da patente deve excluir "tudo que não for abarcado na invenção" (Morton Salt, 1942). De fato, qualquer outro ponto de vista seria inconstitucional. Nem o Congresso, tampouco os tribunais poderão conceder a um titular de patente "mais do que a recompensa de sua descoberta" (Hensley, 1967, vide também Line Material, 1948) [...].[58]

Diante do exposto, parece simples caracterizar como abuso a venda casada envolvendo direitos de propriedade intelectual, que se resume a uma prática em que o detentor de um ou mais desses privilégios tenta ou de fato expande o correspondente poder que detém para além do escopo da proteção que lhe foi garantida, ou o exerce em desacordo com as finalidades constitucionalmente fixadas.

---

57. PITOFSKY, Robert. *Challenges of the new economy*: issues at the intersection of antitrust and intellectual property. Jun. 15, p. 5, 2000. Federal Trade Commission – FTC. Disponível em: <www.ftc.gov/speeches/pitofsky/00615speech.htm>. Acesso em: 7 dez. 2010. Tradução livre de: "As a matter of policy, we are comfortable rewarding innovation through patents and copyrights so long as the compensation is not significantly in excess of that necessary to encourage investment in innovation, and the market power that results is not used to distort competition in, for example, related product or service areas".

58. SCOTCHMER, Suzanne; MAURER, Stephen M. Profit neutrality in licensing: the boundary between antitrust law and patent law. *NBER Working Paper*, n. 10546, Jun. 2004. The National Bureau of Economic Research. Disponível em: <http://www.nber.org/papers/w10546>. Acesso em: 13 dez. 2010. Tradução livre de: "The Supreme Court has held that a license cannot be used to create a monopoly on any product other than the invention itself (Schlicher 2002) and that the patent monopoly should exclude 'all that is not embraced in the invention' (Morton Salt 1942). In fact, any other stance would be unconstitutional. Neither Congress nor the courts can give a patentee "more than the rewards of his discovery" (Hensley 1967, see also Line Material 1948 [...]."

No primeiro caso (extrapolação do escopo da proteção), não tendo o privilégio sido outorgado para a exploração do bem (ou serviço) secundário, seja ou não protegido por um outro direito de propriedade intelectual, comprovados os efeitos anticompetitivos (ou, ao menos, a potencialidade de sua geração) e na ausência de justificativas suficientes para essa exploração casada, não há previsão legal que autorize a extrapolação dos direitos inerentes à propriedade intelectual.

No segundo caso (desvio de finalidade), ao atuar com finalidade anticompetitiva, o titular igualmente não exerce o privilégio de acordo com sua função social e o utiliza para satisfazer interesses egoísticos que não encontram guarida no ordenamento pátrio. Em outras palavras, a geração de efeitos anticompetitivos, de maneira artificial e injustificada, não contribui para o desenvolvimento tecnológico e econômico do país, mas sim o contrário.

A alteração das condições de concorrência por meios artificiais não é tutelada pelo texto constitucional, mesmo se considerado que o princípio da livre concorrência seja temporária e excepcionalmente afastado (como se verá no próximo tópico, o fundamento do direito da propriedade intelectual não permite se falar em derrogação do direito antitruste, ao menos no que se refere à sua exploração econômica), pois apenas se permite o exercício do direito de propriedade intelectual se atendida sua função social e, no caso das patentes, o desenvolvimento tecnológico e econômico do país.

Em ambos os casos, autoriza-se a incidência do direito antitruste para restabelecer a livre concorrência, princípio norteador da ordem econômica e que é amplamente aplicável às relações econômicas resultantes do exercício dos direitos de propriedade intelectual.

1.1.2 Não existe isenção antitruste à exploração dos direitos de propriedade intelectual

A ausência de disposição legal que isente a aplicação do direito antitruste a casos envolvendo abuso dos direitos de propriedade intelectual é outra justificativa jurídica que autoriza a integral utilização do arcabouço do direito antitruste para lidar com casos dessa natureza.

Embora a simples inexistência de disposição legal que porventura regulasse tal isenção seja suficiente para comprovar a afirmação acima, a correta e sistêmica interpretação do direito de propriedade intelectual categoricamente encerra qualquer discussão a respeito de uma suposta derrogação do direito antitruste pelo direito de propriedade intelectual.

Principalmente quando se tem em mente que "a atividade empresarial de uma invenção ou a reprodução de uma obra" não se confunde com "atividades não econômicas, nas quais se incluem as atividades do cientista pesquisador da verdade, do artista criador do belo e do próprio inventor, voltada à solução de um problema técnico".[59]

O raciocínio é desenvolvido por Newton Silveira, tomando por base as lições de Tullio Ascarelli:

> [...] a diferenciação proposta por Ascarelli entre o ato de criação e a criação intelectual objetivamente identificável, que se contrapõe às coisas nas quais se exterioriza, dá origem à concepção de que a disciplina jurídica da criação intelectual não se confunde com a dos objetos que lhe servem de veículo.
>
> Quanto à exploração dos referidos objetos, ressalta o ilustre comercialista que as atividades não econômicas [...] não podem ser confundidas com a atividade empresarial [...], que se relacionam ao domínio da economia.[60]

Desse modo, segundo o autor, a propriedade intelectual não é um ramo excepcional e derrogatória do direito da concorrência:

> [...] em que pese o fato de a tradicional doutrina afirmar que a Propriedade Intelectual é um ramo à parte – excepcional e derrogatório do direito da concorrência – parece-nos acertada a concepção de que a Propriedade Intelectual segue uma distinta conotação concorrencial, especialmente quanto à exploração dos direitos dela decorrentes.
>
> Por todo o exposto, conclui-se que, partindo-se da concepção de que a disciplina jurídica da criação intelectual não se confunde com a dos objetos que lhe servem de veículo e tendo presente que a atividade empresarial de exploração de uma invenção ou a reprodução de uma obra relacionam-se ao domínio da economia, os direitos fundamentais do autor e do inventor permanecem constitucionalmente invioláveis en-

59. SILVEIRA, Newton. A propriedade intelectual no novo Código Civil brasileiro. In: AZEVEDO, Antônio Junqueira de; TÔRRES, Heleno Taveira; CARBONE, Paolo (Coord.). *Princípios do novo Código Civil e outras temas*: homenagem a Tullio Ascarelli. São Paulo: Quartier Latin, 2008. p. 113.

60. Id., loc. cit.

quanto na esfera pessoal de seus titulares, mas sujeitam-se ao princípio da proporcionalidade com relação ao art. 170 da Constituição quando são postos no mercado.[61-62]

A integração do sistema de propriedade intelectual em um "Direito Geral da Concorrência", respaldado pelo princípio constitucional da livre concorrência[63] e pela regra constitucional que determina o sancionamento do abuso do poder econômico, esculpida no artigo 173, § 4.º,[64] demonstra que o suposto conflito entre direito antitruste e direito da propriedade intelectual é inexistente, especialmente com relação à exploração da propriedade intelectual, que

61. SILVEIRA, Newton. Op. cit., p. 117.

62. Karin Grau-Kuntz corrobora esta visão integradora: "Considerada dentro do sistema jurídico brasileiro o ordenamento não garantiu proteção à propriedade industrial como um valor em si mesmo, mas antes em função dos fins que cumpre, nomeadamente de fomentar a concorrência. Neste sentido a proteção aos bens imateriais só será justificada dentro de um quadro concorrencial". GRAU-KUNTZ, Karin. O desenho industrial como instrumento de controle econômico do mercado secundário de peças de reposição de automóveis: uma análise crítica a recente decisão da Secretaria de Direito Econômico (SDE). *Revista de Direito Mercantil, Industrial, Econômico e Financeiro*, São Paulo, n. 145, p. 183, jan./mar. 2007.

63. SILVEIRA, Newton. Op. cit., p. 116-117: "[...] a integração do sistema da Propriedade Intelectual, calcado no princípio ético da repressão da concorrência desleal, num Direito Geral da Concorrência (que mais do que um ramo de direito, é um direito interdisciplinar, que junta peças provenientes de setores diversos da ordem jurídica), respaldado pelo princípio constitucional da livre concorrência [...]".

64. Calixto Salomão Filho parece corroborar o pensamento: "A demonstração do fundamento concorrencial do direito industrial tem uma conseqüência importantíssima. Mesmo caracterizado como monopólio, sendo sua justificativa concorrencial [...], ele não é mais uma disciplina extravagante. Não está infenso, portanto, à aplicação do direito antitruste. Conseqüência disto é que o direito à patente ou à marca não mais pode ser visto como uma propriedade ou privilégio de seu titular. Entendido como meio de tutelar a concorrência (no sentido institucional), assume a função principal de garantir o acesso e escolha dos consumidores. Assim, ao contrário do que normalmente se acredita, a compreensão do direito industrial dentro da lógica institucional do direito concorrencial é a única capaz de dar ao primeiro a conotação publicística de que este necessita" (SALOMÃO FILHO, Calixto. Op. cit., p. 131-132).

deve ser guiada pelos princípios norteadores da ordem econômica descritos na Constituição Federal:

> A Constituição Federal de 1988 é especialmente rica em disposições concernentes ao sistema de propriedade intelectual, bastando correr os olhos pelos incisos XXIII, XXVII, XXVIII e XXIX do art. 5.º para se notar a importância atribuída pelo Constituinte ao objeto de se alcançar o progresso social, cultural e o desenvolvimento tecnológico do país.
>
> Cumpre ressaltar, ainda, a dicção do art. 170, no sentido de que a ordem econômica, fundada na valorização do trabalho humano e na livre iniciativa, tem por fim assegurar a todos existência digna, conforme os ditames da justiça social, observados os seguintes princípios: II – propriedade privada; III – função social da propriedade; IV – livre concorrência; V – defesa do consumidor.
>
> Da conjugação dos dispositivos supracitados resulta, sinteticamente, que a Constituição contempla, ao lado da liberdade de iniciativa, a utilidade social, criando mecanismos de controle da atividade econômica coordenada a fins sociais. Tal atitude se reflete diretamente sobre a tutela dos chamados bens imateriais resultantes da criação intelectual, limitando sua duração para o fim de harmonizá-los com o progresso técnico e cultural e a tutela do consumidor, buscando delimitar tais direitos, em especial no campo industrial.[65]

A legislação ordinária igualmente não prevê a isenção de aplicação do direito antitruste a casos de abusos de poder econômico envolvendo direitos de propriedade intelectual. Pelo contrário.

Exemplificativamente, a Lei n. 9.279, de 14 de maio de 1996, em seu artigo 68, prevê que o "titular ficará sujeito a ter a patente licenciada compulsoriamente se exercer os direitos dela decorrentes de forma abusiva, ou por meio dela praticar abuso de poder econômico, comprovado nos termos da lei, por decisão administrativa ou judicial".

O artigo 2.º também repete o texto constitucional ao afirmar que a concessão da proteção dos direitos relativos à propriedade industrial deve considerar "seu interesse social e o desenvolvimento tecnológico e econômico do País".

65. SILVEIRA, Newton; SANTOS JR., Walter Godoy dos. Op. cit., p. 9, notas no original.

Embora não necessário, as leis de propriedade intelectual poderiam repetir a redação do antigo Código de Propriedade Industrial, como aponta Newton Silveira:

> [...] consideradas as normas de repressão à concorrência desleal como fundamento geral do Direito Industrial, muitas vezes o direito absoluto deve ceder lugar quanto em conflito com as normas que regulam a concorrência. [...]
>
> Esse princípio, que revela a função das normas de Direito Industrial, é importante para a interpretação da lei e deveria nela estar expresso, como constava do art. 2.º do Código de Propriedade Industrial de 1945, que dispunha: "A proteção da propriedade industrial, em sua função econômica e jurídica, visa a reconhecer e garantir os direitos daqueles que contribuem para melhor aproveitamento e distribuição da riqueza, mantendo a lealdade de concorrência no comércio e na indústria e estimulando a iniciativa individual, o poder de criação, de organização e de invenção do indivíduo".[66-67]

O Acordo sobre Aspectos dos Direitos de Propriedade Intelectual relacionados ao Comércio (*Trade-Related Aspects of Intellectual Property Rights* - TRIPs), incorporado ao ordenamento pátrio pelo Decreto 1.355, de 30 de dezembro de 1994, e a Convenção de Paris, em sua versão de Estocolmo (1967), também contêm uma série de disposições que permitem identificar o direito antitruste como a ferramenta adequada para combater os abusos que podem ser cometidos pelos detentores de direitos de propriedade intelectual, o que necessariamente inclui abusos de poder econômico.

Nesta última, destaca-se o artigo 5.º(2), que dispõe: "Cada país da União terá a faculdade de adotar medidas legislativas prevendo a concessão de licenças obrigatórias para prevenir os abusos que poderiam resultar do exercício do direito exclusivo conferido pela patentes, como, por exemplo, a falta de exploração".

66. SILVEIRA, Newton. Propriedade imaterial e concorrência. *Revista dos Tribunais*, São Paulo, v. 75, n. 604, p. 270, fev. 1986.

67. Para o autor, "[q]uanto à concorrência desleal, há que discriminar as normas de Direito Privado (concorrência desleal ou ilícita) e de Direito Público (abuso de poder econômico) [...]". SILVEIRA, Newton. Propriedade imaterial e concorrência, cit., p. 268.

No TRIPs, o destaque recai sobre os artigos 7,[68] 8 (2),[69] 31, *caput* e letra "k",[70] e 40 (1)[71] e (2).[72] Com relação a este último dispositivo legal, chama a atenção que, dentre os exemplos de práticas anticompetitivas que poderão ser investigadas, estão expressamente mencionados os "pacotes de licenças coercitivos", que nada mais são do que um dos tipos de venda casada, conforme será discutido no final do capítulo 2.

A ausência de imunidade antitruste ao exercício dos direitos de propriedade intelectual também é ressaltada pelo Guia Antitruste para o Licenciamento de Propriedade Intelectual norte-americano:

---

68. "A proteção e a aplicação de normas de proteção dos direitos de propriedade intelectual devem contribuir para a promoção da inovação tecnológica e para a transferência e difusão de tecnologia, em benefício mútuo de produtores e usuários de conhecimento tecnológico e de uma forma conducente ao bem-estar social econômico e a um equilíbrio entre direitos e obrigações".
69. "[...] poderão ser necessárias medidas apropriadas para evitar o abuso dos direitos de propriedade intelectual por seus titulares ou para evitar o recurso a práticas que limitem de maneira injustificável o comércio ou que afetem adversamente a transferência internacional de tecnologia".
70. "Quando a legislação de um Membro permite outro uso do objeto da patente sem a autorização de seu titular, inclusive o uso pelo governo ou por terceiros autorizados pelo governo, as seguintes disposições serão respeitadas: [...]

    (k) os Membros não estão obrigados a aplicar as condições estabelecidas nos subparágrafos 'b' e 'f' quando esse uso for permitido para remediar um procedimento determinado como sendo anticompetitivo ou desleal, após um processo administrativo ou judicial. A necessidade de corrigir práticas anticompetitivas ou desleais pode ser levada em conta na determinação da remuneração em tais casos. [...]".
71. "Os Membros concordam que algumas práticas ou condições de licenciamento relativas a direitos de propriedade intelectual que restringem a concorrência podem afetar adversamente o comércio e impedir a transferência e disseminação de tecnologia".
72. "Nenhuma disposição deste Acordo impedirá que os Membros especifiquem em suas legislações condições ou práticas de licenciamento que possam, em determinados casos, constituir um abuso dos direitos de propriedade intelectual que tenha efeitos adversos sobre a concorrência no mercado relevante. Conforme estabelecido acima, um Membro pode adotar, de forma compatível com as outras disposições deste Acordo, medidas apropriadas para evitar ou controlar tais práticas, que podem incluir, por exemplo, condições de cessão exclusiva, condições que impeçam impugnações da validade e pacotes de licenças coercitivos, à luz das leis e regulamentos pertinentes desse Membro."

> Assim como acontece com outras formas de propriedade privada, determinados tipos de conduta com relação à propriedade intelectual poderão gerar efeitos anticoncorrenciais contra os quais as leis antitruste podem e efetivamente protegem. A propriedade intelectual não está, portanto, particularmente livre do escrutínio das leis antitruste, nem é considerada particularmente suspeita segundo essas mesmas leis.[73]

Na mesma linha, as diretrizes europeias que norteiam o exame antitruste de contratos de transferência de tecnologia expressamente reconhecem a inexistência de isenção:

> O facto de a legislação relativa à propriedade intelectual conceder direitos de exploração exclusivos não significa que os direitos de propriedade intelectual sejam excluídos da aplicação do direito da concorrência. Os artigos 81.º e 82.º são, em especial, aplicáveis aos acordos através dos quais o titular concede licenças a outra empresa para esta explorar os seus direitos de propriedade intelectual. Tal não significa também que exista um conflito intrínseco entre os direitos de propriedade intelectual e as regras comunitárias em matéria de concorrência.[74]

A aplicação do direito antitruste como remédio para restabelecimento de condições de concorrência em mercados adversamente afetados pelo exercício abusivo dos direitos de propriedade intelectual é ainda mais adequada em um quadro de pressão, por determinadas indústrias, em que se advoga o arrefecimento e o endurecimento das legislações de propriedade intelectual. Nesse sentido, Shubha Ghosh pondera que:

> [...] ainda que a propriedade intelectual seja isenta das leis de concorrência, permanece a questão sobre como as taxas de retorno sociais e privadas devem ser equalizadas. A solução com base na propriedade é implementada pela definição de direitos, por meio de uma combinação de processos legislativos e judiciais, que servem para definir o escopo dos direitos de propriedade intelectual. Há o risco de que possamos ex-

73. Item 2.1. Tradução livre de: "As with other forms of private property, certain types of conduct with respect to intellectual property may have anticompetitive effects against which the antitrust laws can and do protect. Intellectual property is thus neither particularly free from scrutiny under the antitrust laws, nor particularly suspect under them".

74. "Orientações relativas à aplicação do artigo 81.º do Tratado CE aos acordos de transferência de tecnologia", item 7, rodapé no original.

> ceder os limites e definir direitos de maneiras que tornem as taxas de retorno privadas maiores que as taxas de retorno sociais.[75]

Assim, nessa "era de expansionismo da propriedade intelectual", a aplicação do direito antitruste pode servir ao interesse público de uma forma mais efetiva e desinteressada:

> De fato, as leis de PI, especialmente a Lei de Direitos Autorais, trazem consigo as marcas de uma significativa captura de interesse especial. O resultado são disposições que mais provavelmente protegerão os lucros dos detentores da PI do que servirão à finalidade constitucional das leis de PI, que devem encorajar a inovação pela busca do equilíbrio correto entre o direito de excluir e a necessidade de todos os inventores de trabalhar sobre a obra de outros. Por outro lado, a antitruste, nas últimas três décadas, passou a se concentrar muito mais na proteção do bem-estar do consumidor, definido de forma neoclássica, e os grupos de interesse tiveram consideravelmente menos sucesso na obtenção de uma legislação de interesse especial. Como resultado, é provável que a aplicação das leis antitruste sirva mais ao interesse público do que a aplicação de, no mínimo, muitas disposições de PI. Isto significa recomendar que não haja interpretações excessivamente expansivas dos direitos de PI, em vista de graves denúncias de dano concorrencial.[76]

75. GHOSH, Shubha. Comment: competitive baselines for intellectual property systems. In MASKUS, Keith E.; REICHMAN, Jerome H. *International public goods and transfer of technology under a globalized intellectual property regime.* New York: Cambridge University Press, 2005. p. 798. Tradução livre de: "[...] if intellectual property is exempted from competition law, the question still remains as to how social and private rates of return are to be equalized. The property-based solution is implemented by the definition of rights, through a combination of legislative and judicial processes, which serve to define the scope of intellectual property rights. There is the risk that we may overshoot and define rights in ways that make private rates of return greater than social rates of return".
76. HOVENKAMP, Herbert. Op. cit., p. 1981-1982, notas de rodapé no original. Tradução livre de: "Indeed, the IP laws, particularly the Copyright Act, bear the marks of significant special interest capture. The result is provisions that are much more likely to protect IP holders' profits than to serve the constitutional purpose of the IP laws, which is to encourage innovation by searching for the right balance between the right to exclude and the need of every innovator to build on the work of others. By contrast, antitrust over the last three decades has become much more focused on protecting consumer welfare, neoclassically defined, and interest groups have had considerably less success in obtaining special interest legislation. As a result, application of the antitrust laws is more likely to serve

Diante deste cenário de ausência de isenção, forçoso concluir que a propriedade intelectual não está imune à aplicação do direito antitruste, sendo apenas um dos fatores que devem ser levados em consideração durante a investigação de um caso de abuso de poder econômico pelas autoridades de defesa da concorrência.[77]

1.2 Justificativas econômicas

1.2.1 A insuficiente comprovação dos efeitos dos direitos de propriedade intelectual sobre o desenvolvimento econômico e a inovação

O papel dos sistemas de proteção à propriedade intelectual, especialmente as patentes,[78] sobre o desenvolvimento econômico e a inovação é um dos temas mais calorosamente discutidos por uma variedade de estudiosos e grupos com interesses variados no assunto. Suas perspectivas variam de acordo com o tempo e os locais onde são aplicados.

Especialistas em economia e políticas públicas têm opiniões distintas sobre os efeitos gerados por esses sistemas. Há os que defendem que um sistema forte favorece todos os estágios do desenvolvimento de uma determinada economia, e outros que recomendam diferentes níveis de proteção para diferentes estágios de evolução:

> Enquanto uns apontam à patente efeitos monopolizadores e condicionadores de dependência tecnológica e de mercados, outros autores indicam-na como um incentivo ao progresso e à transferência de tecnologia.[79]

---

the public interest than application of at least many IP provisions. This counsels against overly expansive interpretations of IP rights in the face of serious complaints of competitive harm".

77. ABA. Section of Antitrust Law. *Intellectual property and antitrust handbook*, cit., p. 64-65: "De acordo com a moderna prática antitruste norte-americana, a propriedade intelectual é simplesmente um dos vários fatores a serem considerados em um análise orientada pelos fatos e efeitos que é realizada em investigações de condutas unilaterais, colusivas e fusões e aquisições". Tradução livre de: "Intellectual property is simply one of many factors to be considered in the fact-intensive, effects-based analysis of unilateral conduct, concerted action, and mergers and acquisitions under modern U.S. antitrust practice".
78. Os motivos pelos quais se dá mais ênfase ao direito de patentes neste trabalho foram pormenorizados nas notas introdutórias.
79. CARVALHO, Nuno Tomaz Pires de. O sistema de patentes: um instrumento para o progresso dos países em vias de desenvolvimento. *Revista de Direito Mercantil, Industrial, Econômico e Financeiro*, São Paulo, n. 51, p. 52, jul./set. 1983.

De fato, parece que a análise dos sistemas protetivos pode variar substancialmente em países industrializados, recém-industrializados ou em desenvolvimento.[80] Nos primeiros, há mais investimentos em pesquisa e desenvolvimento e as indústrias possuem mais vantagens competitivas para desenvolver criações que sejam protegidas pelas leis de propriedade intelectual. Já no segundo grupo, onde existe uma maior dependência do que é produzido em outros países, as perspectivas de proteção por esses direitos devem ser analisadas sob óticas distintas.

Os problemas de uma avaliação homogênea da importância dos sistemas de propriedade intelectual são ainda maiores se consideradas outras particularidades dos países que os adotam, como grau de integração regional, regime político adotado e perfil da economia (*e.g.*, agrária, voltada à prestação de serviços etc.).

Outro desafio enfrentado pela teoria econômica para uma acurada análise do papel dos sistemas de patentes e de outros direitos de propriedade intelectual sobre o desenvolvimento econômico é o fenômeno da desagregação, que consiste na dificuldade de isolar uma variável (o sistema de propriedade intelectual) dentro de todas as demais (*e.g.*, oferta de capital, qualidade da mão de obra, tamanho do mercado local etc.) que influenciam o grau de desenvolvimento de uma determinada economia.

Como advertem Frederick Abbott, Thomas Cottier e Francis Gurry, o problema é ainda maior em casos de bens intangíveis como a propriedade intelectual, pois seus efeitos dependem significativamente das expectativas do setor privado com relação a futuras condições de concorrência,[81] e tendem a variar significativamente de uma indústria para a outra.

Não há dúvidas de que o desenvolvimento econômico e o progresso industrial, cultural e tecnológico são desejáveis, bem como que criações (e sua exploração) são necessárias para atingir tal objetivo. Como tratado anteriormente, o próprio texto constitucional brasileiro, a exemplo de seu correspondente norte-americano,[82] expressamente estabelece essa finalidade.

80. ABBOTT, Frederick; COTTIER, Thomas; GURRY, Francis. Op. cit., p. 223.
81. Id., Ibid., p. 223.
82. Constituição dos Estados Unidos, artigo I, seção 8, Cláusula 8: "O Congresso terá o Poder... [d]e promover o Progresso da Ciência e das Artes úteis, ao garantir por Períodos limitados aos Autores e Inventores o Direito exclusivo aos seus respectivos Escritos e Descobertas". Tradução livre de: "The Congress shall have Power [...] [t]o promote the Progress of Science and useful Arts, by securing for limited Times to Authors and Inventors the exclusive Right to their respective Writings and Discoveries".

No entanto, conforme apregoam os entusiastas dos sistemas de proteção dos direitos de propriedade intelectual, as criações somente poderão se materializar se os inventores e os investidores puderem confiar que obterão os lucros da exploração do conhecimento. Ou seja, para que ponham seu investimento em risco, a sociedade deve intervir para aumentar suas expectativas de lucro (resolve-se uma falha de mercado adotando-se outra).

Fritz Machlup, cujo estudo "An Economic Review of the Patent System"[83] foi parcialmente reproduzido por Frederick Abbott, Thomas Cottier e Francis Gurry,[84] ressalta que, sob uma perspectiva histórica, identificou-se que a maneira considerada mais simples, barata e efetiva de fazê-lo seria garantir o monopólio temporário na forma de direito de patente exclusivo sobre invenções.[85]

Também conhecida como utilitarista, Milton Lucídio Leão Barcellos assim resume a teoria econômica mais popular que procura embasar a criação e a manutenção desses direitos:

> [...] lapidação dos direitos de propriedade através da maximização da justiça social, de modo a equilibrar os direitos de exclusividade que estimulam a constante realização de invenções e criações intelectuais de um lado e, de outro, a tendência que tais direitos geram em limitar o acesso do público a tais criações.[86]

No entanto, ainda de acordo com Fritz Machlup, a ideia de que benefícios sociais possam ser obtidos pela operação do sistema de patentes engana muitos que assumem, sem muita argumentação, que benefícios sociais podem ser derivados de patentes existentes.

Se se aceita que a proteção tem a função de servir como incentivo para a atividade inventiva, aceita-se, por decorrência, que efeitos benéficos desse sistema de incentivo decorram não de patentes existentes, mas da esperança de futuros lucros derivados de futuras invenções. Essa esperança pode induzir à adoção de certos riscos de investimentos e atividades úteis – de financiar e promover pesquisas industriais – que os agentes econômicos não teriam feito de outra forma.

Por outro lado, as patentes existentes restringem o uso de invenções já conhecidas e reduzem temporariamente sua oferta. Essas restrições não são

83. Publicado em 1958 (porém ainda muito atual), o estudo foi preparado para o Subcomitê de Patentes, Marcas e Direitos Autorais do Senado norte-americano.

84. ABBOTT, Frederick; COTTIER, Thomas; GURRY, Francis. Op. cit., p. 224-246.

85. Apud ABBOTT, Frederick; COTTIER, Thomas; GURRY, Francis. Op. cit., p. 232.

86. BARCELLOS, Milton Lucídio Leão. Op. cit., p. 30-31.

ilegais, tampouco contrárias ao interesse público; elas são necessárias se algum lucro é para ser gerado pelas patentes. Mas ainda soam como restrições, deixando a oferta menor do que seria, se inexistentes. Consequentemente, as patentes impõem um ônus à sociedade, que ela decidiu carregar para que os agentes econômicos tenham a chance de obter futuros lucros de futuras patentes em futuras invenções.[87]

De acordo com a teoria de que o sistema de patentes é desenhado para estimular a inovação, as patentes existentes (e pendentes) têm um papel decisivo para a realização deste objetivo. No entanto, a crítica é que isso é insuficiente para justificar o sistema de patentes, sendo imperioso comprovar-se, por exemplo, se o sistema de livre iniciativa não poderia, sem incentivos de monopólio, gerar oportunidades de investimentos em escala adequada.[88]

O argumento largamente utilizado é que as empresas não investiriam e reinvestiriam se não houvesse proteção. No entanto, não há como vislumbrar uma correlação entre propriedade intelectual, inovação e desenvolvimento. Da mesma forma, não há garantia de que o monopólio também não leve a desincentivo de investir e reinvestir (seja pela própria empresa que detém a patente, seja por reais ou potenciais competidores).

Conforme apregoa Carlos M. Correa:

> As ligações entre propriedade intelectual e desenvolvimento econômico e social são difíceis de estabelecer. Em especial, é extremamente complexo determinar o vínculo causal entre determinados níveis de proteção de propriedade intelectual e os indicadores de comércio, investimento, inovação e transferência de tecnologia. Embora diversos estudos tenham explorado o relacionamento entre propriedade intelectual e algumas dessas variáveis, seus resultados estão longe de ser conclusivos. Nem a teoria econômica, tampouco as provas disponíveis corroboram a atual tendência à superproteção dos DPIs. É esse especialmente o caso do conceito do "tamanho único", ou seja, que padrões elevados de proteção de DPIs igualmente são adequados a países desenvolvidos e em desenvolvimento. Parece ser claramente incorreto supor que promover a propriedade intelectual significa promover automaticamente a inovação e o desenvolvimento e quanto mais direitos, melhor.[89]

87. Apud ABBOTT, Frederick; COTTIER, Thomas; GURRY, Francis. Op. cit., p. 239-240.

88. Cf. Fritz Machlup. Apud ABBOTT, Frederick; COTTIER, Thomas; GURRY, Francis. Op. cit., p. 240.

89. CORREA, Carlos M. Reshaping the intellectual property system with a development perspective. In: BARTON, John H.; ABBOTT, Frederick M.; CORREA,

A literatura percorrida neste estudo demonstrou que assiste razão a Frederick Abbott, Thomas Cottier e Francis Gurry quando afirmam que um correto entendimento sobre os efeitos dos direitos de propriedade intelectual no desenvolvimento econômico depende da coleta e análise de dados empíricos que possam mostrar uma relação de causa e efeito, mas que, embora haja esforços nesse sentido, ainda não existem estudos conclusivos.[90]

Na mesma linha, James Bessen e Michael J. Meurer, após uma vigorante análise das provas entre existência de patentes e crescimento econômico, chegam à seguinte conclusão: "[...] a prova econômica empírica rejeita com veemência argumentos simplistas de que patentes impulsionam universalmente a inovação e o crescimento econômico".[91]

Esses autores são acompanhados por Joseph Farrell e Carl Shapiro:

> Desde que as patentes começaram a ser concedidas, gerou-se o debate sobre se o sistema de patente trabalhava de forma efetiva para estimular a inovação: os direitos de propriedade associados às patentes servem de incentivo forte o suficiente para garantir os custos associados ao poder de monopólio resultante? Esse debate se perpetua com força total tendo em vista que as patentes se tornaram especialmente importantes no setor econômico da tecnologia da informação. Mais especificamente, como o sistema de patente prevê um prêmio aos inventores, na forma

Carlos M.; DREXL, Josef; FORAY, Dominique; MARCHANT, Ron. Views on the future of the intellectual property system. Genebra: International Centre for Trade and Sustainable Development (ICTSD), 2007. p. 27. (Selected Issue Briefs, n. 1). Tradução livre de: "The linkages between intellectual property and economic and social development are difficult to establish. In particular, it is extremely difficult to determine the causal relationship between certain levels of intellectual property protection and indicators of trade, investment, innovation, and technology transfer. Although several studies have explored the relationship between intellectual property and some of these variables, their results are far from being conclusive. Neither the economic theory nor the available evidence supports the current trend towards overprotection of IPRs. This is especially the case with the concept that 'one size fits all', namely, that high standards of IPRs protection are equally adequate for developed and developing countries. It seems clearly incorrect to assume that to promote intellectual property is automatically to promote innovation and development and the more rights the better".

90. ABBOTT, Frederick; COTTIER, Thomas; GURRY, Francis. Op. cit., p. 223.

91. BESSEN, James; MEURER, Michael J. *Patent failure*: how judges, bureaucrats, and lawyers put innovators at risk. Princeton: Princeton University Press, 2008. p. 93. Tradução livre de: "[...] the empirical economic evidence strongly rejects simplistic arguments that patents universally spur innovation and economic growth".

> de direitos exclusivos, pode-se perguntar se esse prêmio é muito elevado, muito baixo ou apenas justo para oferecer aos inventores incentivos adequados. Infelizmente, não há resposta fácil ou genérica para esta pergunta, apesar de uma enormidade de trabalhos teóricos e empíricos dedicados ao tópico.[92]

E até mesmo famosos defensores do sistema de propriedade intelectual, como William Landes e Richard Posner, reconhecem a ausência de comprovação do nexo de causalidade entre as variáveis ora discutidas:

> Embora haja razões econômicas bastante fortes em favor da criação de direitos de propriedade sobre invenções, também existem custos sociais consideráveis e responder com confiança se os benefícios excedem os custos é impossível com base no conhecimento atual.[93]

Como visto, não há dados empíricos para decidir esse conflito e demonstrar ou refutar que o sistema de propriedade intelectual promove o desenvolvimento econômico.[94] A conclusão sobre o exame da literatura econômica

---

92. FARRELL, Joseph; SHAPIRO, Carl. Op. cit., p. 16. Tradução livre de: "Ever since patents have been issued, debate has raged over whether the patent system was working effectively to stimulate innovation: do the property rights associated with patents serve a strong enough incentive for innovation to warrant the costs associated with the resulting monopoly power? This debate continues in full force as patents have become especially important in the information technology sector of the economy. More specifically, since the patent system provides a prize to inventors, in the form of exclusive rights, one might well ask whether that prize is too big, too small, or just right, to provide suitable incentives to inventors. Unfortunately, there is no easy or general answer to this question, despite a mountain of theoretical and empirical work devoted to the topic".
93. LANDES, William; POSNER, Richard. *The economic structure of intellectual property law*. Cambridge, MA: The Belknap Press of Harvard University Press, 2003. p. 311. Tradução livre de: "Although there are powerful economic reasons in favor of creating property rights in inventions, there are also considerable social costs and whether the benefits exceed the costs is impossible to answer with confidence on the basis of present knowledge".
94. Outros autores corroboram essa ideia: "Indícios históricos e contemporâneos confirmam que os DPIs não são importantes para estimular a invenção e a criatividade, como é comumente alegado, mas, para mediar sua difusão social pela comercialização" (PICCIOTTO, Sol; CAMPBELL, David. Op. cit., p. 57); "Estudos empíricos sobre as consequências do fortalecimento e da ampliação da proteção da propriedade intelectual, especialmente das patentes, sugerem que não há efeitos sobre investimentos." (tradução livre de: "Empirical studies on the consequen-

pode desapontar, mas, conforme sugerido por Fritz Machlup, os economistas poderiam contribuir mais se deixassem de analisar o sistema de propriedade intelectual como um todo e passassem a sugerir alterações pontuais.

Isso porque a avaliação das diferenças entre a existência ou não de um sistema seria de pouca utilidade, fazendo sentido em se analisar os benefícios e custos associados com menos ou mais proteção.[95]

Nessa linha, Nuno Tomaz Pires de Carvalho assevera que "não importa saber se o sistema de patentes ajuda muito ou pouco o desenvolvimento econômico de um país. O que importa é saber se ajuda." Para tanto,

> há que se tomar em consideração as suas funções e os seus efeitos. Há que se conhecer os aspectos positivos e negativos do sistema, nomeadamente no que toca ao controle de mercados [...]. E, por fim, há que se descobrir meios de reforço dos efeitos positivos detectados bem como de atenuação das influências negativas.[96]

E é justamente na linha de "descobrir" os meios de atenuação das influências negativas do sistema de patentes (e de outros direitos de propriedade intelectual) que surge a importância do direito antitruste.

Havendo dúvidas de que os sistemas de propriedade intelectual estão atendendo a sua finalidade (e, como demonstrado, elas sempre existirão), devem ser aplicadas as ferramentas disponíveis no ordenamento jurídico para evitar abusos decorrentes da proteção por eles conferida.

No caso específico das vendas casadas, a aplicação do direito antitruste como ferramenta para investigar e, eventualmente, punir o abuso de poder

---

ces of strengthening and extending intellectual property protection, particularly patents, suggest there are no effects on investments") (LÉVÊQUE, François; MÉNIÈRE, Yann. The economics of patents and copyright. *The Berkeley Electronic Press*, p. 104, 2004. Social Science Research Network. Disponível em: <http://ssrn.com/abstract=642622>. Acesso em: 5 dez. 2010); "Neste sentido defende-se aqui uma postura comedida em relação ao argumento de que a concessão de direitos sobre bens imateriais geraria sempre efeitos econômicos positivos. [...] rejeita-se [...] aquele entendimento estático, que elege o efeito econômico positivo da proteção garantida aos bens imateriais como verdade absoluta e sempre válida" (GRAU-KUNTZ, Karin. Op. cit., p. 171).

95. Apud ABBOTT, Frederick; COTTIER, Thomas; GURRY, Francis. Op. cit., p. 240. Registre-se que Fritz Machlup tratou exclusivamente do sistema de patentes. No entanto, conforme mencionado na introdução, parece apropriado expandir suas sugestões para os demais direitos de propriedade intelectual.

96. CARVALHO, Nuno Tomaz Pires de. Op. cit., p. 54.

econômico decorrente do exercício de direitos de propriedade intelectual é ainda mais evidente. Afinal, se é difícil comprovar a aludida correlação entre propriedade intelectual, inovação e desenvolvimento, é ainda mais complicado afirmar que o condicionamento de uma venda ou licenciamento de um bem patenteado ou protegido por outra forma de propriedade intelectual, em que necessariamente há um segundo mercado envolvido, possa contribuir para o desenvolvimento econômico, cultural ou tecnológico.

Apenas a análise antitruste poderá dar a resposta necessária sobre o adequado balanceamento dos efeitos anticompetitivos gerados pelo exercício do direito de propriedade intelectual (no caso das vendas casadas, tanto no mercado do bem principal, como no do bem ou serviço condicionado) e seus potenciais benefícios.

1.2.2 O licenciamento pode conter restrições que geram distorções artificiais nos mercados envolvidos

A doutrina e a jurisprudência são ricas ao demonstrar que o licenciamento (momento em que pode ocorrer a venda casada) é capaz de ensejar restrições que podem e devem ser coibidas pelo direito antitruste, conquanto o detentor do direito de propriedade intelectual detiver poder de mercado suficiente para cometer abusos dessa natureza.

Ademais, deve o direito antitruste ser utilizado como ferramenta para o restabelecimento das funções pró-competitivas associadas ao licenciamento dos direitos de propriedade intelectual.

Afinal, se por um lado há justificado receio de se aceitar que os direitos de propriedade intelectual inevitavelmente funcionam como um mecanismo de fomento à inovação e ao desenvolvimento econômico, parece incontestável que seu licenciamento traz benefícios aos agentes que participam dessa relação e à sociedade como um todo.

Além de poder minimizar os efeitos negativos decorrentes da concessão dos privilégios temporários a determinados agentes que os utilizam como verdadeiros direitos de propriedade independentemente de sua finalidade social e do componente concorrencial que lhes dá suporte, o licenciamento apresenta diversos outros aspectos positivos.

Joseph Farrell e Carl Shapiro destacam os dois mais importantes:

> Primeiro, alguns detentores de patente podem auferir lucros muito maiores ao licenciar suas patentes do que mantendo suas invenções para uso exclusivo. Essa situação é especialmente clara no caso de um detentor de patente que tenha presença limitada no mercado e que já obteve uma patente de uma tecnologia que seja valiosa para muitos fornece-

> dores grandes ou estabelecidos. Segundo, o licenciamento promove o uso e a difusão de novas tecnologias. Felizmente, diferente de uma forte proteção das patentes, o que na melhor das hipóteses pode promover a inovação à custa de difusões e do poder de monopólio de curto prazo, o licenciamento pode simultaneamente promover a inovação e a difusão.
>
> Obviamente, os termos e condições sobre os quais as licenças são concedidas afetarão em grande medida o impacto econômico do licenciamento.[97]

O primeiro aspecto está relacionado à riqueza financeira que pode advir do licenciamento, representada, por um lado, pela geração de lucros para o detentor do direito de propriedade intelectual, e, de outro, pela possibilidade de significativas economias para o licenciado (e para a sociedade como um todo):

> É usual que o detentor da tecnologia apresente interesse em permitir que outros se utilizem daquela pagando-lhe a respectiva contraprestação pecuniária, bem como há o interesse da outra parte em explorar essa tecnologia, evitando assim os custos de pesquisa e desenvolvimento, mas beneficiando-se com seus resultados. Tem-se, assim, em linhas gerais, as motivações que levaram à criação do instituto da transferência de tecnologia.[98]

O segundo aspecto está relacionado à difusão das criações. Por meio do licenciamento, a tecnologia e as criações em geral não ficam apenas nas mãos do detentor do direito de propriedade intelectual, havendo a tendência de utilização por outros agentes que sejam capazes de explorar o objeto de maneira

97. FARRELL, Joseph; SHAPIRO, Carl. Op. cit., p. 20. Tradução livre de: "First, some patent holders can earn far greater profits by licensing their patents than by keeping their inventions to themselves. This is especially clear for a patent holder who has a limited presence in the market yet has obtained a patent for technology that is valuable for many large or incumbent suppliers. Second, licensing promotes the usage and diffusion of new technologies. Happily, unlike strong patent protection, which at best can promote innovation at the expense of diffusions and short-term monopoly power, licensing can simultaneously promote both innovation and diffusion.

Of course, the terms and conditions on which licenses are granted will greatly affect the economic impact of licensing".

98. KEMMELMEIER, Carolina Spack; SAKAMOTO, Priscila Yumiko. Transferências de tecnologias e as organizações multilaterais. In BARRAL, Welber; PIMENTEL, Luiz Olavo (Org.). *Propriedade intelectual e desenvolvimento*. Florianópolis: Fundação Boiteux, 2007. p. 131.

mais eficiente. Afinal, o titular do direito de propriedade intelectual pode não dispor de recursos suficiente para explorar a criação, pois

> [t]alvez em um grau maior que em outros ativos, o sucesso na exploração da propriedade intelectual exige que seu proprietário a combine com ativos de propriedade de terceiros. Esses ativos podem incluir outros direitos de propriedade intelectual, ativos de relacionados ao desenvolvimento de produtos, ativos de fabricação ou ativos de comercialização.[99-100]

Desse modo, o licenciamento pode ser a única maneira de eliminar (ou pelo menos mitigar) a dificuldade de utilização do direito de propriedade intelectual por seu detentor, cuja habilidade de explorá-lo "pode depender daqueles acidentes históricos como, por exemplo, possuir instalações produtivas, ter liquidez ou acesso a financiamento".[101]

Há ainda outras importantes razões pelas quais o licenciamento é usualmente visto como pró-competitivo.[102] Por exemplo, o licenciamento per-

---

99. ABA. Section of Antitrust Law. *Federal antitrust guidelines for the licensing of intellectual property*: origins and applications. 3. ed. Chicago: ABA Publishing, 2010. p. 22. Tradução livre de: "[p]erhaps to a greater degree than other assets, successful exploitation of intellectual property requires the owner to combine it with assets owned by others. These may include other intellectual property, product development assets, manufacturing assets, or marketing assets".

100. O Guia Antitruste para o Licenciamento de Propriedade Intelectual norte-americano reconhece que o licenciamento e a transferência de propriedade intelectual podem facilitar a integração de tecnologia com fatores de produção e distribuição complementares, sendo, portanto, geralmente pró-competitivos. Os aspectos pró-competitivos derivam de eficiências integrativas que reduzem custos e trazem produtos para o mercado. (ABA. Section of Antitrust Law. *Federal antitrust guidelines for the licensing of intellectual property*: origins and applications, cit., p. 28).

101. SCOTCHMER, Suzanne; MAURER, Stephen M. Op. cit., p. 5. Tradução livre de: "may depend on such accidents of history as whether he owns manufacturing facilities, is liquid, or has access to financing".

102. "[...] porque ele conduz a um uso eficiente da propriedade intelectual em circunstâncias nas quais o proprietário poderia de outra forma excluir usuários. Ele melhora o bem-estar dos consumidores, bem como enriquece o detentor do direito". Tradução livre de: "[...] since they lead to efficient use of intellectual property in circumstances where the owner could otherwise exclude users. They improve the welfare of consumers as well as enriching the rightholder". SCOTCHMER, Suzanne. *Innovation and incentives*. Cambridge/London: The MIT Press, 2004. p. 162.

mite que terceiros usem a propriedade intelectual como base para inovação (ferramentas de pesquisa), e pode resolver problemas de bloqueio de direitos ou possibilitar o desenvolvimento de invenções complementares. Além disso, permite o surgimento de um mercado especializado em inovação, composto por empresas com atuação exclusiva em pesquisa e desenvolvimento.[103]

No entanto, a possibilidade de geração de efeitos anticompetitivos neste momento permite explicar, do ponto de vista econômico, a razão pela qual o direito antitruste é a ferramenta adequada para punir os abusos que podem ser cometidos pelo titular do direito e restabelecer as justas condições de competição.

E foi justamente este o motivo que levou à elaboração, pelas autoridades de defesa da concorrência norte-americanas, do Guia Antitruste para o Licenciamento de Propriedade Intelectual, que procurou esclarecer os princípios antitruste a serem utilizados na revisão de práticas de licenciamento de direitos de propriedade intelectual:

> Embora os acordos de licenciamento de propriedade intelectual em geral aumentem o bem-estar e sejam pró-competitivos, preocupações antitruste podem aparecer. Por exemplo, um acordo de licenciamento poderia incluir restrições que prejudiquem a concorrência em mercados de produtos ao dividi-los entre empresas que seriam concorrentes utilizando diferentes tecnologias.
>
> [...] preocupações antitruste podem surgir quando um acordo de licenciamento prejudica a concorrência entre entidades que teriam sido efetiva ou provavelmente concorrentes em potencial em um mercado relevante, caso não existisse a licença (entidades em um "relacionamento horizontal"). [...]

103. "[...] as patentes permitem a transferência de informações e tecnologia, facilitando o compartilhamento de conhecimento que permite que empresas especializem suas atividades de pesquisa e produção. Tradução livre de: "[...] patents make information and technology transferable, facilitating the sharing of knowledge that permits firms to specialize their research and production activities". ABA. Section of Antitrust Law. *Federal antitrust guidelines for the licensing of intellectual property*: origins and applications, cit., p. 29, retratando as conclusões alcançadas, em 2003, pela Federal Trade Commission – FTC em seu relatório "*To promote innovation*: the proper balance of competition and patent law and policy", cit., elaborado após a condução de uma extensa pesquisa com a sociedade sobre a relação entre direito antitruste e propriedade intelectual.

> Além disso, restrições de licenciamento com relação a um mercado podem prejudicar a concorrência em outro mercado, por meio de fechamento anticompetitivo de acesso a um importante insumo, aumento significativo de seu preço, ou facilitação de movimento coordenado de aumento de preço ou redução de produção. Quando aparentemente essa concorrência puder ser prejudicada, as Agências seguirão a análise estabelecida abaixo.[104-105]

O exame dos possíveis efeitos anticompetitivos advindos das práticas de licenciamento pode variar significativamente dependendo da natureza da relação de competição (vertical ou horizontal) entre licenciador e licenciado.

Em linhas gerais, uma licença é vertical quando afeta atividades que estão em uma relação complementar (*e.g.*, se o licenciador for uma empresa especializada em pesquisa e desenvolvimento, e o licenciado um produtor). E será horizontal se o licenciador e o licenciado são concorrentes ou potenciais con-

---

104. Item 3.1. Tradução livre de: "While intellectual property licensing arrangements are typically welfare-enhancing and procompetitive, antitrust concerns may nonetheless arise. For example, a licensing arrangement could include restraints that adversely affect competition in goods markets by dividing the markets among firms that would have competed using different technologies.

[...] antitrust concerns may arise when a licensing arrangement harms competition among entities that would have been actual or likely potential competitors in a relevant market in the absence of the license (entities in a 'horizontal relationship'). [...]

In addition, license restrictions with respect to one market may harm such competition in another market by anticompetitively foreclosing access to, or significantly raising the price of, an important input, or by facilitating coordination to increase price or reduce output. When it appears that such competition may be adversely affected, the Agencies will follow the analysis set forth below".

105. Embora o Guia Antitruste para o Licenciamento de Propriedade Intelectual estabeleça que as autoridades de defesa da concorrência estadunidenses tendem a ver algumas práticas de licenciamento como pró-competitivas e outras que merecem escrutínio, a história do relacionamento entre direito antitruste e propriedade intelectual nem sempre foi assim. Para uma análise histórica bastante completa, sobretudo sobre o período "anti-licenciamento", que resultou na criação dos "nine no-no's" na década de 1970, vide ABA. Section of Antitrust Law. *Federal antitrust guidelines for the licensing of intellectual property*: origins and applications, cit., p. 8-14; e CHAVEZ, John Anthony. Historical context of the intellectual property guidelines. *Antitrust and Intellectual Property*, v. 2, n. 1, p. 36-59, Spring 2001.

correntes. Pode haver casos, ainda, em que ambas as relações existam (*e.g.*, em alguns casos de *pools* de patentes).[106]

Entre as práticas anticompetitivas decorrentes de uma relação horizontal, merecem destaque os cartéis para divisão de mercado ou clientela, fixação de preços, boicotes ou acordos para impedir a competição. Os principais exemplos de violações à ordem econômica que podem decorrer de uma relação vertical são as restrições de *grantback* (retrolicenciamento), imposição de preços de revenda, exclusividade e *enforcement* de direitos de propriedade intelectual inválidos.

A venda casada é um exemplo de prática anticompetitiva que usualmente pode ser verificada em uma relação de licenciamento vertical, cujos possíveis efeitos anticompetitivos, abordados no próximo capítulo, são didaticamente resumidos pelo Guia Antitruste para o Licenciamento de Propriedade Intelectual norte-americano:

> Quando o licenciante e os licenciados tiverem um relacionamento vertical, as Agências analisarão se o acordo de licenciamento pode prejudicar a concorrência entre entidades em um relacionamento horizontal, seja no nível do licenciante ou dos licenciados, ou possivelmente em outro mercado relevante. Dano à concorrência decorrente de uma restrição poderá ocorrer se ela impedir de forma anticompetitiva o acesso a insumos importantes ou aumentar o custo de sua obtenção por concorrentes, ou facilitar um movimento coordenado de aumento de preço ou restrição da produção. O risco de se impedir, de forma anticompetitiva, o acesso ou aumentar os custos de concorrentes relaciona-se à proporção dos mercados afetados pela restrição de licenciamento; outras características dos mercados relevantes, como concentração, barreiras à entrada e resposta da oferta e da demanda a alterações de preço nos mercados pertinentes; e à duração da restrição. Um acordo de licenciamento não impede a concorrência simplesmente porque alguns ou todos os licenciados em potencial em uma indústria optam por utilizar a tecnologia licenciada à exclusão de outras tecnologias. O uso exclusivo pode ser uma consequência eficiente do fato de a tecnologia licenciada ter menor custo ou valor superior.[107]

106. Por sua relevância para a discussão da prática de venda casada, o tema será melhor detalhado no capítulo 2.

107. Item 4.1.1. Tradução livre de: "When the licensor and licensees are in a vertical relationship, the Agencies will analyze whether the licensing arrangement may harm competition among entities in a horizontal relationship at either the level of the licensor or the licensees, or possibly in another relevant market. Harm to

A Comissão Europeia também possui um regulamento que categoriza os acordos de licenciamento que serão ou não isentos do escrutínio antitruste,[108] no qual são destacados os efeitos pró-competitivos do licenciamento[109] e as restrições que deverão ser mais detidamente examinadas.[110] A forma como a prática de venda casada envolvendo direitos de propriedade intelectual será examinada encontra-se pormenorizadamente descrita no item 2.6 das "Orientações relativas à aplicação do artigo 81.º do Tratado CE aos acordos de transferência de tecnologia".

Como pode ser demonstrado, a experiência estrangeira há muito identifica que, embora usualmente pró-competitivos, os contratos de licenciamento não estão isentos da análise antitruste, na medida em que algumas restrições que lhe podem ser impostas têm o condão de gerar efeitos anticompetitivos nos mercados afetados.

Destarte, eis mais uma justificativa pela qual o direito antitruste deve ser aplicável para coibir os abusos de poder econômico que são observados no momento do exercício dos direitos de propriedade intelectual.

---

competition from a restraint may occur if it anticompetitively forecloses access to, or increases competitors' costs of obtaining, important inputs, or facilitates coordination to raise price or restrict output. The risk of anticompetitively foreclosing access or increasing competitors' costs is related to the proportion of the markets affected by the licensing restraint; other characteristics of the relevant markets, such as concentration, difficulty of entry, and the responsiveness of supply and demand to changes in price in the relevant markets; and the duration of the restraint. A licensing arrangement does not foreclose competition merely because some or all of the potential licensees in an industry choose to use the licensed technology to the exclusion of other technologies. Exclusive use may be an efficient consequence of the licensed technology having the lowest cost or highest value".

108. Regulamento (CE) n. 772, de 07.04.2004, publicado no Jornal Oficial da União Europeia em 27.04.2004.

109. Considerando (5). As "Orientações relativas à aplicação do artigo 81º do Tratado CE aos acordos de transferência de tecnologia", que explicam referido regulamento, trazem uma completa lista dos efeitos pró-competitivos do licenciamento em seu item 17.

110. Artigos 4.º e 5.º.

CAPÍTULO 2

Venda Casada Anticoncorrencial Envolvendo Direitos de Propriedade Intelectual

No capítulo anterior, pode-se identificar que, sob as perspectivas jurídica e econômica, o direito antitruste é aplicável para coibir o abuso de poder econômico que pode ser levado a cabo por um detentor (ou um grupo de detentores) de direitos de propriedade intelectual.

Além disso, demonstrou-se que a venda casada, talvez mais do que qualquer outra prática anticompetitiva envolvendo direitos dessa natureza, merece uma análise detida pelas autoridades de defesa da concorrência.

A um, porque a subordinação de um bem ou serviço secundário é facilmente caracterizada como uma extrapolação do conteúdo desse direito ou um desvio de sua função social – o que não significa que não haja eficiências que a justifiquem e a tornem benéfica.

A dois, porque tal prática não está isenta do escrutínio antitruste, sendo usualmente apontada pela legislação, doutrina e jurisprudência alienígena como uma das principais infrações concorrenciais envolvendo o exercício de direitos de propriedade intelectual.

A três, porque se os possíveis benefícios advindos da exploração do próprio bem (ou direito) subordinante não são cientificamente comprovados, o que se dirá dos benefícios da subordinação.

A quatro, porque o licenciamento, conquanto usualmente pró-competitivo, pode ser acompanhado de restrições que distorcem a lógica concorrencial dos mercados dos bens subordinantes – protegidos pela propriedade intelectual – ou dos bens ou serviços subordinados.

Assim, resta apontar como a doutrina e a jurisprudência ajudam no exame das situações em que uma venda ou licenciamento casado envolvendo direitos de propriedade intelectual pode, de fato, ser considerado um abuso de poder econômico, tipificado nos artigos 20, *caput* e IV, e 21, XXIII, da Lei n. 8.884, de 11 de junho de 1994, e sujeito às sanções previstas no artigo 68 da Lei n. 9.279, de 14 de maio de 1996, que permite o licenciamento compulsório de patentes, e o artigo 24, V,[111] da Lei n. 8.884, de 11 de junho de 1994, que permite ao Conselho Administrativo de Defesa Econômica – CADE aplicar quaisquer sanções que sejam necessárias para restabelecer as condições de concorrência adversamente afetadas por uma determinada prática anticompetitiva.[112]

Para tanto, o presente capítulo está organizado da seguinte forma. Inicialmente, será feita uma breve introdução sobre a problemática da análise desta prática, que, mesmo sem envolver direitos de propriedade intelectual, é objeto de intenso debate e controvérsia ao longo do tempo, especialmente no exterior. Adiante, apresentar-se-á seu conceito e as formas (tipos) como habitualmente se apresenta. Em terceiro lugar, serão discutidos os requisitos usualmente utilizados para sua caracterização, incluindo tópicos dedicados a seus possíveis efeitos anticompetitivos e justificativas (eficiências) econômicas. Por fim, serão abordadas as peculiaridades da análise dos pacotes e dos *pools* de licenças de direitos de propriedade intelectual, matéria que se relaciona umbilicalmente à disciplina da venda casada.

2.1 Contextualização

As notas introdutórias do presente estudo informam que, nos Estados Unidos, o rico debate jurisprudencial e doutrinário sobre a venda casada envolvendo direitos de propriedade intelectual foi o principal propulsor das discussões envolvendo direito antitruste e propriedade intelectual.

Desde o final do século XIX, já é possível encontrar decisões do Poder Judiciário naquele país que endereçam essa relação (inicialmente, em um contexto próprio do direito de propriedade intelectual, nos casos de *misuse*),[113] ha-

111. "Artigo 24. Sem prejuízo das penas cominadas no artigo anterior, quando assim o exigir a gravidade dos fatos ou o interesse público geral, poderão ser impostas as seguintes penas, isolada ou cumulativamente: [...] V – [...] qualquer outro ato ou providência necessários para a eliminação dos efeitos nocivos à ordem econômica."

112. Ou seja, além de poder recomendar ao Instituto Nacional da Propriedade Industrial – INPI que conceda licença compulsória de patentes de titularidade do infrator (Lei n. 8.884, de 11 de junho de 1994, artigo 24, IV, "a"), o CADE poderá adotar quaisquer medidas que julgue necessárias para deter ou impedir o abuso de poder econômico, não apenas nos casos envolvendo patentes, mas também quaisquer outros direitos de propriedade intelectual.

113. Nos Estados Unidos, a venda casada pode ser um argumento de defesa nas ações de violação de direitos de patentes ou de direitos de autor, podendo constituir *patent* ou *copyright misuse* se considerada como uma extensão ilegal do privilégio. De acordo com Sue Ann Mota (The untwining of patent law and antitrust: no presumption of market Power in patent tying cases according to the Supreme Court

vendo uma corrente doutrinária que, a despeito da ausência de rigor científico, aponta a existência de um ramo próprio do direito antitruste que trata do relacionamento entre as vendas casadas e os direitos de propriedade intelectual. [114]

O protagonismo norte-americano parece decorrer tanto do grau de desenvolvimento do país, cujo incentivo à proteção da inovação sempre esteve arraigado na cultura de governos e do empresariado,[115] fato constatado a partir da análise do número de patentes ali conferidas, como do desenvolvimento do direito antitruste como forma de coibir o abuso do poder econômico.[116]

No centro da discussão, há sempre a (inexistente do ponto de vista do ordenamento jurídico pátrio, conforme visto no capítulo anterior) tensão entre os limites de atuação dos detentores dos direitos de propriedade intelectual e a livre concorrência. Conforme bem resumido por Herbert Hovenkamp:

> De um lado do conflito estava a reivindicação dos detentores de patente de que eles deveriam contar com o máximo de liberdade para capitalizar sobre as invenções, utilizando-se de pacotes de suprimentos não patenteados ou outros produtos em conjunto com a patente. De outro lado, estava a preocupação concorrencial de que esse pacote expandiria o "monopólio" da patente sem autorização da Lei de Patentes.[117]

---

in Illinois Tool Works v. Independent Ink. *Suffolk University Law Review*, 59, v. 40, n. 1, p. 58, 2006), o Poder Judiciário norte-americano utilizou a doutrina do *patent misuse*, pela primeira vez, em 1896 (caso *Heaton-Peninsular*, julgado pelo 6.º Circuito). O primeiro julgamento de um caso de *patent misuse* pela Suprema Corte daquele país ocorreu em 1912 (caso *Henry*). O conceito de *misuse* era utilizado com base na doutrina "*unclean hands*", tendo tal teoria adotado uma conotação antitruste somente em 1942, quando a Suprema Corte julgou o caso *Morton Salt*. Neste caso, o tribunal decidiu que o detentor estava usando sua patente para restringir a competição no mercado de bens não patenteados, tendo determinado a suspensão do prosseguimento da ação de violação de direito de patente até que o *misuse* fosse purgado (cf. ABA. Section of Antitrust Law. *Intellectual property and antitrust handbook*, cit., p. 198).

114. Conforme destacado por McDAVID, Janet; LOBENFELD, Erica; MINTZER, Eric; SCHECHTER, Minda. Op. cit., p. 2037.

115. A relevância pode ainda ser demonstrada pela menção ao assunto na enxuta Constituição dos Estados Unidos, já reproduzida.

116. Embora seja possível identificar regras antitruste em outros países e em diferentes momentos da história, o desenvolvimento de um direito antitruste da forma como entendido atualmente é associada à promulgação do Sherman Act, em 1890. Para maiores detalhes, vide FORGIONI, Paula A. Op. cit., p. 27-83.

117. HOVENKAMP, Herbert. Op. cit., p. 1985. Tradução livre de: "On one side of the conflict was the claim of patent holders that they should be given maximum free-

No trecho reproduzido, identifica-se a principal questão a ser aqui abordada. Tendo em vista que a patente ou outro direito de propriedade intelectual não autoriza seu detentor a expandir seu privilégio para outro bem (ou serviço), seja ele ou não igualmente protegido por um direito de propriedade intelectual, em quais circunstâncias a venda casada será considerada lícita ou ilícita do ponto de vista antitruste?

A resposta não é clara, sobretudo porque a venda casada é uma prática bastante trivial e costumeiramente eficiente. Um simples olhar é suficiente para mostrar que diversos itens oferecidos por fornecedores, distribuidores ou prestadores de serviços são vendidos em conjunto. Conforme descrito na introdução, há uma infinidade de exemplos de produtos e serviços que são oferecidos no mesmo pacote, tais como automóveis com pneus e outras peças, casacos com botões, quarto de hotel e serviço de arrumação, batedeiras e pás, geladeiras e compressores, cofres e fechaduras.

Intuitivamente, não parece haver nada de ilegal no oferecimento casado desses produtos e serviços: ele parece ser "natural" ou "normal", expressões habitualmente utilizadas para classificar as vendas casadas que são encaradas sem suspeição por consumidores e clientes.

No entanto, há uma série de outras combinações cuja justificativa econômica não parece ser tão óbvia, *e.g.*, impressoras e cartuchos de tinta, máquinas copiadoras e serviços de manutenção, pistola e agulha para a extração de tecido humano usado em testes laboratoriais, máquinas fotográficas e cartões de memória etc.

Destarte, resta a indagação: como diferenciar a venda casada natural ou normal da ilegal ou coercitiva?

A pergunta acima é crucial para o bom entendimento do tema aqui tratado, sendo certo que os exemplos oferecidos implicam outros questionamentos: por que considerar a venda casada de sapatos como natural, se seria possível adquirir o pé esquerdo separadamente do pé direito? Por que não considerar natural que um fabricante de elevadores zele pela qualidade de seu produto mediante a imposição de obrigação de contratação exclusiva de seus serviços de manutenção?

---

dom to capitalize on inventions by bundling unpatented supplies or other goods used in conjunction with the patent. On the other side was the competitive concern that such bundling expanded the patent 'monopoly' without authorization in the Patent Act".

Michael A. Salinger esboça uma resposta a tais questionamentos:

> O direito antitruste moderno enxerga a essência de uma venda casada ilegal quando o vendedor força os compradores do produto principal a comprar o produto subordinado dele quando de outra forma eles teriam comprado o produto subordinado de outro vendedor, e quando o número de compras forçadas tenha sido suficientemente grande para prejudicar a concorrência no mercado do produto subordinado.[118]

Embora não forneça a resposta completa, o comentário aponta alguns caminhos para a caracterização da ilicitude da venda casada (*e.g.*, existência de dois produtos, coerção e efeitos anticompetitivos), que se traduzem em requisitos que vêm sendo criados e revistos por autoridades judiciais e de defesa da concorrência, sobretudo as norte-americanas e, mais recentemente, as europeias.

No Brasil, conforme já ressaltado, ainda não há um conjunto de casos relevantes que possa indicar com precisão os requisitos a serem utilizados quando da caracterização de vendas casadas anticoncorrenciais. No entanto, serão apresentadas as formas como o assunto foi tratado nos poucos julgados sobre a matéria feitos pelo Conselho Administrativo de Defesa Econômica - CADE.

Antes disso, passar-se-á a descrever sucintamente o conceito de venda casada apresentado pela legislação, pela doutrina e pela jurisprudência brasileira e estrangeira, bem como seus possíveis tipos.

2.2 Conceito e tipos

A venda casada anticoncorrencial é uma prática restritiva vertical[119] exclusionária[120] em que um agente econômico subordina a venda de um deter-

---

118. SALINGER, Michael A. Business justification defenses in tying cases. ABA Section of Antitrust Law. *Issues in Competition Law and Policy*, v. 3, p. 1913, 2008. Tradução livre de: "Modern antitrust law views the essence of an illegal tying arrangement to be when the seller has forced purchasers of the tying product to buy the tied product from it when they otherwise would have purchased the tied product from another vendor, and where the number of coerced purchases was sufficiently great that competition in the market for the tied product was foreclosed".

119. As restrições verticais são usualmente impostas por uma única empresa, embora também possa ser adotada por um conjunto de empresas que atuam em um mesmo mercado - o que, mais do que configurar hipótese de venda casada, configuraria atividade colusiva. De acordo com a Resolução n. 20, editada pelo Conselho Administrativo de Defesa Econômica - CADE em 9 de junho de 1999, as práticas verticais "são restrições impostas por produtores/ofertantes de bens ou serviços em determinado mercado ('de origem') sobre mercados rela-

minado produto ou serviço à aquisição de outro bem ou serviço, por ele ou por terceiros produzido ou ofertado, ou à aceitação de que um produto ou serviço ofertado por terceiros não será adquirido.[121-122-123]

cionados verticalmente – a 'montante' ou a 'jusante' – ao longo da cadeia produtiva (mercado 'alvo')" (Anexo I, item B). Paulo Furquim de Azevedo apresenta uma definição mais completa: "Relações verticais são aquelas que englobam processos produtivos complementares, em contraste com relações horizontais, que compreendem processos substitutos. Desse modo, o emprego do termo "vertical" é mais abrangente do que sua acepção intuitiva, de relação entre diferentes elos de uma cadeia produtiva. Aplica-se, portanto, a noção de relação vertical não somente a processos de agregação de valor a uma matéria-prima (e.g. transformação trigo-farinha-pão), mas também a atividades complementares não diretamente encadeadas, como a produção de sistemas operacionais e de navegadores de internet" (*Restrições verticais e defesa da concorrência*: a experiência brasileira, cit., p. 3).

120. David ENCAOUA e Abraham HOLLANDER apresentam uma precisa distinção entre uma conduta exclusionária e uma conduta competitiva: "[c]ondutas exclusionárias e competitivas com frequência eliminam rivais. Condutas competitivas provocam a saída quando uma empresa não consegue mais acompanhar os esforços de outras empresas para oferecer produtos melhores ou preços menores. A característica distintiva da conduta de exclusão é que esta tem por objetivo deliberado os rivais ou rivais em potencial, em um esforço para inibir sua capacidade competitiva. O pagamento desta conduta é esperado que flua não de uma satisfação maior do consumidor, mas da concorrência reduzida". Tradução livre de: "[e]xclusionary as well as competitive conducts frequently eliminate rivals. Competitive conduct produces exit when a firm can no longer keep up with the efforts of other firms to offer improved products or lower prices. The distinguishing feature of exclusionary conduct is that it takes aim deliberately at rivals or potential rivals in an effort to inhibit their capacity to compete. The payoff from such conduct is expected to flow not from increased consumer satisfaction but from reduced competition" (ENCAOUA, David; HOLLANDER, Abraham. *Competition policy and innovation*. Revised version, Jan. 2002, p. 9. Disponível em: <http://halshs.archives-ouvertes.fr/docs/00/18/53/60/PDF/ENCAOUA-HOLLANDER_OXREP_1_.pdf>. Acesso em: 1.º dez. 2010).

121. A Lei n. 8.884, de 11 de junho de 1994, tipifica a venda casada em seu artigo 21, inciso XXIII: "subordinar a venda de um bem à aquisição de outro ou à utilização de um serviço, ou subordinar a prestação de um serviço à utilização de outro ou à aquisição de um bem". Assim como as demais práticas tipificadas no mesmo dispositivo legal, será considerada anticoncorrencial na medida em que gerar (ou potencialmente puder gerar) um dos efeitos descritos no artigo 20 do mesmo diploma, tais como o abuso de poder econômico (inciso IV), objeto deste estudo. O Anexo I, B, item 3, da Resolução n. 20, editada pelo CADE em 9 de junho de 1999, repete os termos da lei: "o ofertante de um determinado bem ou serviço impõe

O produto ou serviço principal é também denominado subordinante (*tying product* ou *tying service*) e o produto ou serviço vinculado à sua aquisição é denominado subordinado (*tied product* ou *tied service*).

De acordo com o entendimento da Suprema Corte dos Estados Unidos no caso *Northern Pacific*, julgado em 1958, a venda casada é "um acordo pelo qual uma parte vende um produto, mas apenas com a condição de que o comprador também adquira um produto diferente (ou casado), ou no mínimo concorde que não comprará aquele produto de qualquer outro fornecedor".[124]

Usualmente, os produtos ou serviços casados são oferecidos pela mesma parte. No entanto, conforme ressaltado anteriormente, a venda casada também pode ser caracterizada quando o vendedor do produto ou serviço principal determina que o comprador adquira o produto ou serviço secundário de uma terceira parte. Nesta hipótese, para que seja considerada ilegal, é usual que se demonstre o interesse do ofertante do produto principal na venda do produto secundário.[125]

A doutrina identifica três principais tipos de venda casada.[126]

O primeiro tipo é a venda condicionada de um bem de consumo durável a um bem de consumo não durável, tais como computadores e cartões perfurados, máquinas de sal e sal e cartuchos de tinta e tinta.[127]

O segundo tipo são os descontos em pacote (*bundled discounts*), nos quais os descontos dados pelo vendedor (normalmente um produtor) a um

---

para a sua venda a condição de que o comprador também adquira um outro bem ou serviço".

122. De acordo com a jurisprudência norte-americana, não constitui venda casada a imposição, pelo vendedor, de que o comprador venda algo ao vendedor (cf. ABA. Section of Antitrust Law. *Antitrust law developments*. 6. ed. Chicago: ABA Publishing, 2007. p. 172).

123. Não se tratará aqui dos casos em que os produtos ou serviços sejam oferecidos de forma casada e, ao mesmo tempo, separadamente (o que a literatura econômica denomina como "*mixed bundling*").

124. 356 U.S. 1, p. 5-6 (notas de rodapé no original). Tradução livre de: "an agreement by a party to sell one product but only on the condition that the buyer also purchases a different (or tied) product, or at least agrees that he will not purchase that product from any other supplier".

125. ABA. Section of Antitrust Law. *Antitrust law developments*, cit., p. 172-173.

126. Cf. SALINGER, Michael A. Op. cit., p. 1911.

127. Exemplos extraídos dos casos *International Salt*, *IBM* e *Independent Ink*, julgados pela Suprema Corte dos Estados Unidos em 1936, 1947 e 2006, respectivamente.

comprador sobre um determinado conjunto de bens estão condicionados à manutenção de um determinado nível de compras de todos os bens sujeitos ao desconto.[128-129]

O terceiro tipo ocorre quando o vendedor oferta um pacote de bens e não os oferece individualmente.[130]

As autoridades de defesa da concorrência dos Estados Unidos informam que há diversas formas de manifestação das vendas casadas envolvendo direitos de propriedade intelectual:

> A vinculação da propriedade intelectual a produtos ou outros direitos de propriedade intelectual pode tomar muitas formas, como oferecimento de licenças que cobrem patentes múltiplas ou materiais protegidos por direitos autorais, ou subordinando a venda de dois produtos patenteados ou um produto não patenteado e um patenteado. Essas vinculações recebem vários nomes, dependendo se o produto vinculado incorpora propriedade intelectual, se um preço ou preços separados são cobrados, e se a vinculação for concluída contratual ou tecnologicamente.[131]

128. Como ocorreu no caso LePage, julgado pelo 3.º Distrito dos Estados Unidos em 2003.

129. De acordo com Dennis W. Carlton e Michael Waldman, o primeiro e o segundo tipos podem ser agrupados em uma mesma categoria, denominada *requirements tie*: "Nesse caso, a empresa exige que um consumidor de A faça todas as suas compras de B daquela empresa". Tradução livre de: "In this case the firm requires a consumer of A to make all of his purchases of B from the firm" (WALDMAN, Michael; CARLTON, Dennis W. Tying. ABA Section of Antitrust Law. *Issues in Competition Law and Policy*, v. 3, p. 1859, 2008).

130. Dennis W. Carlton e Michael Waldman explicam este tipo mais detalhadamente: "[...] a empresa vende A e B apenas em pacotes compostos de uma unidade de cada, como é o caso de um produtor de sapatos que vende apenas pares de sapatos compostos de um sapato para o pé direito e um sapato para o pé esquerdo". Tradução livre de: "[...] the firm sells A and B only in packaged consisting of one unit of each, such as is the case when a shoe producer sells only pairs of shoes consisting of one right show and one left shoe" (WALDMAN, Michael; CARLTON, Dennis W. Op. cit., p. 1859). O melhor exemplo deste tipo de venda casada é a venda do *software* operacional Windows em conjunto com o navegador Internet Explorer (caso *Microsoft*, julgado nos Estados Unidos em 2001).

131. United States. Department of Justice. Federal Trade Commission – FTC. *Antitrust enforcement and intellectual property rights*: promoting innovation and competition, cit., p. 106-107, nota de rodapé no original. Tradução livre de: "Linking intellectual property with products or other intellectual property can take many forms, such as offering licenses that cover multiple patents or copyrighted mate-

Com relação à última classificação apresentada (vendas casadas contratuais e tecnológicas), as autoridades estadunidenses tecem os seguintes comentários:

> A venda casada "contratual" clássica envolvendo patente ocorre quando o produto principal (como um mimeógrafo) é patenteado, o produto subordinado é um produto não patenteado utilizado como insumo do primeiro produto (como tinta ou papel), e a venda do produto patenteado é condicionada à compra do produto não patenteado. Uma venda casada "tecnológica" pode ser definida como aquela na qual "os produtos principais e subordinados são reunidos fisicamente ou produzidos de forma que sejam compatíveis apenas entre si". A representação de venda casada feita pelo governo contra a Microsoft envolvia ambas as vinculações contratual e tecnológica do navegador Internet Explorer (o produto subordinado) com seu sistema operacional Windows (o produto principal).[132]

Diferentemente de outros tipos de restrições verticais, como territoriais, que limitam a liberdade do comprador de revender produtos, as vendas casadas "limitam a liberdade do comprador de adquirir produtos de outras fontes que não sejam o vendedor ou seu designado".[133] No caso *Northern Pacific*, a Suprema Corte dos Estados Unidos alertou para os efeitos anticompetitivos das vendas casadas, que

rials or tying the sale of two patented goods or one unpatented and one patented good. Such linkages carry various labels, depending on whether the linked product embodies intellectual property, whether one price or separate prices are charged, and whether the linkage is accomplished contractually or technologically".

132. United States. Department of Justice. Federal Trade Commission – FTC. *Antitrust enforcement and intellectual property rights*: promoting innovation and competition, cit., p. 107, nota de rodapé no original. Tradução livre de: "Classic 'contractual' patent tying occurs when the tying product (such as a mimeograph machine) is patented, the tied product is an unpatented commodity used as an input for the tying product (such as ink or paper), and the sale of the patented product is conditioned on the purchase of the unpatented product. A 'technological tie' may be defined as one in which 'the tying and tied products are bundled together physically or produced in such a way that they are compatible only with each other.' The government's tying claim against Microsoft involved both the contractual and technological bundling of the Internet Explorer web browser (the tied product) with its Windows operating system (the tying product)".

133. ABA. Section of Antitrust Law. *Antitrust law developments*, cit., p. 173. Tradução livre de: "limit the purchaser's freedom to buy products from sources other than the seller or its designee".

> negam aos concorrentes livre acesso ao mercado do produto subordinado, não porque a parte que impõe as exigências de subordinação tenha um produto melhor ou um preço menor, mas em virtude de seu poder ou alavancagem em outro mercado. Ao mesmo tempo, os compradores são forçados a renunciar a sua livre escolha entre produtos concorrentes.[134]

2.3 Requisitos

Os principais requisitos elencados pela jurisprudência norte-americana, que desde a primeira metade do século XX já se depara com pleitos envolvendo venda casada (como visto acima, não necessariamente no contexto do direito antitruste, mas sobretudo no contexto do próprio direito de propriedade intelectual), são os seguintes: (i) existência de dois produtos ou serviços separados; (ii) existência de coerção (comprovação do ato coercitivo); (iii) existência de poder de mercado do ofertante no mercado do produto principal; e (iv) o fechamento de um volume substancial (não insignificante, na terminologia em inglês) de comércio no mercado do produto vinculado.

De acordo com Michael A. Salinger, os dois primeiros elementos definem uma venda casada, enquanto os dois últimos tornam a venda casada *per se* ilegal (se um desses dois últimos requisitos não for identificado, a análise da conduta será com base na regra da razão).[135]

Por sua vez, o Guia Antitruste para o Licenciamento de Propriedade Intelectual norte-americano, expedido em 1995, tende a condenar uma venda casada se preenchidos três requisitos: (i) existência de poder de mercado do ofertante no mercado do produto principal; (ii) existência de efeitos anticompetitivos no mercado do produto ou serviço secundário; e (iii) insuficiência de eficiências que superem os efeitos anticompetitivos do arranjo.[136]

---

134. 356 U.S. 1, p. 6. Tradução livre de: "deny competitors free access to the market for the tied product, not because the party imposing the tying requirements has a better product or a lower price but because of his power or leverage in another market. At the same time buyers are forced to forego their free choice between competing products".

135. SALINGER, Michael A. Op. cit., p. 1913.

136. "No exercício de seu poder discricionário, as Agências considerarão os efeitos anticoncorrenciais e as eficiências atribuíveis a uma venda casada. As Agências provavelmente contestariam uma venda casada se: (1) o vendedor tiver poder de mercado no produto principal, (2) o acordo prejudicar a concorrência no mercado do produto subordinado, e (3) as justificativas de eficiência para o acordo não forem superiores a seus efeitos anticompetitivos". Tradução livre de: "In

A Comissão Europeia adota um teste mais completo,[137] que mistura os requisitos utilizados pelas autoridades judiciais norte-americanas e aqueles descritos no referido Guia Antitruste para o Licenciamento de Propriedade Intelectual: (i) existência de dois produtos ou serviços separados; (ii) existência de posição dominante do ofertante no mercado do produto principal; (iii) inexistência de possibilidade de escolha de compra do produto subordinante sem o produto vinculado; (iv) ocorrência de fechamento de mercado; e (v) inexistência de justificativas objetivas para a prática.

No Brasil, as autoridades de defesa da concorrência vêm recentemente utilizando um teste bastante semelhante, ressaltando-se que aqui este tipo de prática deve ser necessariamente examinado à luz da regra da razão:[138]

> [...] a venda casada demanda a análise de alguns requisitos para a devida caracterização: a) existência de dois produtos e/ou serviços separados; b) existência de algum elemento de coerção; c) existência de posição dominante no mercado principal ou condicionado; d) caracterização de efeitos anticompetitivos, seja no mercado secundário/condicionado ou no mercado principal.[139]

---

the exercise of their prosecutorial discretion, the Agencies will consider both the anticompetitive effects and the efficiencies attributable to a tie-in. The Agencies would be likely to challenge a tying arrangement if: (1) the seller has market power in the tying product, (2) the arrangement has an adverse effect on competition in the relevant market for the tied product, and (3) efficiency justifications for the arrangement do not outweigh the anticompetitive effects" (item 5.3, rodapés no original).

137. Cf. WHISH, Richard. *Competition law*. 6. ed. Oxford: Oxford University Press, 2009. p. 682.

138. Como já mencionado, não há condenação *per se* no Brasil, como há nos Estados Unidos: "[a]plicando-se o princípio da razoabilidade, esses requisitos constituem condições necessárias, mas não suficientes, para considerar uma conduta prejudicial à concorrência. Para tanto é preciso avaliar seus efeitos anticompetitivos e ainda ponderá-los *vis-à-vis* seus possíveis benefícios ('eficiências') compensatórios" (Resolução n. 20, expedida pelo Conselho Administrativo de Defesa Econômica – CADE, em 9 de junho de 1999, Anexo II, item B).

139. Voto do Conselheiro Relator Ricardo Machado Ruiz, nos autos da Averiguação Preliminar n. 08700.005025/2007-07 (Aceco Produtos para Escritório e Informática Ltda.), p. 12, julgado pelo Conselho Administrativo de Defesa Econômica – CADE em 23.06.2010. O Conselheiro ressaltou que o teste foi igualmente aplicado pela Secretaria de Direito Econômico – SDE, que instruiu o feito.

O requisito de ausência de justificativas ou eficiências econômicas também se encontra presente no teste brasileiro, conforme aponta a jurisprudência pátria: "[...] deveria haver a configuração de conduta sem qualquer racionalidade ou eficiência econômica".[140]

O único requisito em comum aos quatro testes é a análise de poder de mercado do produto subordinante (ou principal).[141] Outros dois requisitos são igualmente adotados pelas autoridades de defesa da concorrência nos Estados Unidos, na Europa e no Brasil: geração de efeitos anticompetitivos e ausência de justificativas econômicas. Os outros dois requisitos aqui considerados, utilizados pelas autoridades judiciais norte-americanas e as autoridades antitruste europeia e brasileira, consistem na análise da existência de dois produtos ou serviços separados, e de comprovação do ato coercitivo.[142]

A análise de vendas casadas envolvendo propriedade intelectual usualmente segue este teste composto por cinco requisitos, mas, conforme será tratado nos tópicos apropriados, apresenta aspectos muito particulares quando se trata da análise dos requisitos de existência de poder de mercado e de existência de dois produtos ou serviços separados.

Passar-se-á a discutir cada um deles, adotando-se a ordem que o autor entende mais eficiente para examinar a prática de venda casada, sugerindo-se, para efeitos de uma análise antitruste eficiente, que o não preenchimento de um requisito necessário para a configuração da ilicitude da conduta implique a suspensão da análise dos requisitos subsequentes.

2.3.1 Dois produtos ou serviços separados

O primeiro requisito é que haja um produto ou serviço principal distinto de um produto ou serviço imposto/vinculado. No caso da venda casada envolvendo direitos de propriedade intelectual, o produto principal será sempre protegido por um direito de propriedade intelectual (ou será o próprio direito).

140. Id. Ibid., p. 13.

141. Como visto no trecho do voto que resumiu os requisitos que compõem o teste no Brasil, as autoridades brasileiras parecem aceitar que a existência de poder no mercado do produto secundário é suficiente para o atendimento a este requisito. Este tema voltará a ser analisado no tópico que examina o requisito de existência do poder de mercado, mais especificamente na abordagem das discussões sobre os efeitos *lock-in* (aprisionamento).

142. Abordar-se-á este requisito separadamente, embora pudesse ser tratado no tópico que analisará o requisito de existência de poder de mercado; afinal, na ausência deste, não haveria como se falar em coerção.

Antes de passar à análise dos testes que identificam a separação, vale repisar que nem toda venda casada é ilegal. Como assevera Paula A. Forgioni:

> em qualquer julgamento que trate de vendas casadas, *haverá um "corte artificial" que distingue a vinculação normal, inerente ao produto, daquela anticompetitiva.* Essa observação nos leva à necessidade de identificar quando temos um ou mais de um bem.[143]

Para a autora, a existência de um único produto ou serviço é o limite que separa a vinculação lícita daquela anticoncorrencial, e, na maioria dos casos, "podemos assumir que estaremos diante de *apenas um produto quando não houver procura compensatória para ambos separados*".[144]

Já para Calixto Salomão Filho, a chave da resposta para saber se a obrigatoriedade de aquisição conjunta é anticompetitiva, ou seja, se "configura tentativa de eliminação da concorrência e/ou dominação do mercado",[145] é verificar o preço dos produtos:

> [...] caso o custo a mais a ser cobrado pela venda do produto secundário, em separado do produto principal, seja exatamente igual ao preço do conjunto, a negativa de venda do produto em separado é natural, e não coercitiva. A alternativa – a venda em separado do bem principal ou do bem secundário com preço exatamente igual ao dos bens vendidos em conjunto – seria até mais prejudicial ao consumidor.[146]

Valendo-se do exemplo dos sapatos, o autor explica que, embora haja consumidores dispostos a comprar apenas o sapato destinado ao pé esquerdo ou ao direito, "[t]odos – ou quase todos – os consumidores preferem e necessitam de pares de sapatos, e não de unidades singulares". Os consumidores que necessitam de apenas um sapato "não deverão ser obrigados a adquirir um par. Porém, é lícito ao vendedor de sapatos cobrar do consumidor os custos necessários à venda separada do produto". E continua:

> Caso seja vendido separadamente um só "pé", o produtor terá enorme dificuldade em encontrar outro comprador exatamente para o outro pé.
>
> A probabilidade de que ele venha a ter simplesmente que inutilizar o sapato remanescente é tão grande que, somando-se esse fato ao custo

143. FORGIONI, Paula A. *Os fundamentos do antitruste*, cit., p. 373, grifos no original.
144. Id. Ibid., p. 373, grifos no original.
145. SALOMÃO FILHO, Calixto. Op. cit., p. 224.
146. Id. Ibid., p. 226.

> de manutenção do sapato no estoque por um bom tempo, resulta que a cobrança integral do preço do par pela venda de um só sapato parece bastante razoável.
>
> Esse preço não difere substancialmente do preço de um pé de sapatos mais o custo de inutilização/estocagem ou reaproveitamento do outro.
>
> É importante observar que se o acréscimo de custo não for cobrado por inteiro do consumidor "marginal" que tem uso para o produto separado ele deverá ser embutido no preço de todos os produtos. A massa dos consumidores passará, então, a pagar um acréscimo de custo devido à necessidade de um só consumidor.
>
> Aí, a justificativa para o casamento dos produtos é que, nesse caso, é natural, e não coercitivo.[147]

De acordo com esse raciocínio, se o preço cobrado pelo produto em separado for igual aos custos de separação, "não há qualquer coerção econômica, sentindo-se o consumidor absolutamente livre para adquirir os produtos em separado ou em conjunto, segundo sua utilidade."[148-149]

O problema é que são muitos raros os casos em que "o custo da separação dos produtos é quase idêntico ao preço de um deles",[150] como o exemplo dos calçados. Conforme aponta Calixto Salomão Filho:

> Normalmente o produto secundário ou é um acessório, ou um bem de baixo valor. Nessas hipóteses a equivalência entre negativa de venda dos produtos separadamente e venda acima do custo de "separação" dos produtos muito dificilmente ocorrerá. Para que inexista a coerção será, então, necessário efetivamente oferecer a opção entre venda casada e venda separada a preço unitário mais elevado ao consumidor.[151]

Diante do exposto, concorda-se com as conclusões apresentadas pelo autor, para quem a avaliação da existência de demanda no mercado do produto

---

147. SALOMÃO FILHO, Calixto. Op. cit., p. 224.
148. Id. Ibid., p. 225.
149. Ainda com relação aos sapatos, se "[...] o preço que deve ser cobrado pelo pé, singularmente considerado, é igual ao preço do par (já que a diferença de custo, por hipótese, justifica esse preço), vender exclusivamente o par é benéfico para o consumidor. Ele paga o mesmo preço e ainda leva um pé a mais consigo, cujo material pode ser pelo menos aproveitado." Id. Ibid., p. 226.
150. Id., loc. cit.
151. Id., loc. cit.

subordinante é a chave para identificar se há dois produtos separados ou um único produto:

> A inexistência de um mercado separado para o produto "casado" ou secundário leva à inexistência de ilícito. Não porque – como agradaria a uma mente neoclássica – existem eficiências, consistentes em economias de escala, que podem ser alcançadas através da venda conjunta dos produtos. A razão é que, sendo o mercado relevante o dos produtos considerados em seu conjunto e não existindo mercado para o produto secundário, a venda casada é natural, e não coercitiva.
>
> Os efeitos práticos, apesar de semelhantes, não são exatamente os mesmos. Para os neoclássicos – como a eficiência leva à licitude, apesar da coerção –, caso o mercado relevante seja único, não há que se pensar em atendimento aos consumidores "marginais", isto é, aqueles poucos que querem o produto secundário "separado". A concepção jurídica leva a um resultado diverso. Ao consumidor marginal deve ser dada a oportunidade de adquirir o produto que lhe interessa, sendo, no entanto, lícita a cobrança dos custos adicionais que para isso sejam necessários.[152]

Este, aliás, é o raciocínio aplicado pela Suprema Corte dos Estados Unidos que, no caso *Jefferson Parish*, julgado em 1984, apresentou o alcance do requisito que ainda hoje continua prevalecendo em decisões judiciais naquele país, a saber, "a resposta à questão se um ou dois produtos estão envolvidos não depende da relação funcional entre eles, mas sim do caráter de demanda dos dois itens".[153]

Antes deste julgamento, o Poder Judiciário examinava a separação dos produtos ou serviços caso a caso, não tendo desenvolvido um teste uniforme. Os critérios que eram (e ainda são) utilizados podem igualmente contribuir para elucidar os problemas práticos que surgem durante as investigações de natureza antitruste. Dentre eles, cabe mencionar:

> [...] se outros fornecedores do setor venderam produtos separadamente ou em conjunto, se houve cobrança separada pelos componentes, se a combinação dos produtos criou eficiências, e se os dois itens foram

152. SALOMÃO FILHO, Calixto. Op. cit., p. 226-227.

153. 466 U.S. 2, p. 19 (nota de rodapé no original). Tradução livre de: "the answer to the question whether one or two products are involved turns not on the functional relation between them, but rather on the character of demand for the two items".

> regularmente vendidos ou utilizados "como uma unidade com proporções fixas".[154]

Mas, mesmo depois de *Jefferson Parish*, restaram diversas dúvidas, especialmente com relação a casos envolvendo mercados caracterizados pelo rápido desenvolvimento, como o de computadores e de *softwares*. Opiniões de cortes inferiores "argumentaram que a dependência funcional ou inter-relação dos dois produtos pode justificar o tratamento dos dois produtos como um".[155]

A doutrina explica a controvérsia relacionada à utilização do tradicional teste em indústrias caracterizadas por rápidas modificações:

> Esse teste vem sendo criticado, especialmente em setores de alta tecnologia, nos quais se alega que decisões com base na demanda passada podem impedir o progresso e as inovações no futuro. Uma aplicação estrita do teste utilizado no caso Jefferson Parish, com base parcialmente em um teste de demanda do consumidor, pode não considerar o leque completo de eficiências que podem se originar da integração tecnológica. Com inovação cada vez maior, pode ser difícil determinar se integrar duas funções constitui uma venda casada inapropriada ou concorrência legítima por meio do avanço tecnológico. A hesitação dos tribunais de se envolver em uma avaliação de escolhas de desenho de produto e sua disposição de reconhecer as eficiências originadas de integrações tecnológicas podem tornar essas reivindicações difíceis.[156]

154. ABA. Section of Antitrust Law. *Antitrust law developments*, cit., p. 178-179. Tradução livre de: "[...] whether other industry suppliers sold the products separately or together, whether there were separate charges for components, whether combining the products created any efficiencies, and whether the two items were regularly sold or used 'as a unit with fixed proportions'".
155. Cf. McDAVID, Janet; LOBENFELD, Eric; MINTZER, Erica; SCHECHTER, Minda. Op. cit., p. 2046-2047, rodapé no original. Tradução livre de: "have reasoned that the functional dependence or interrelation of the two products might justify treating the two products as one".
156. McDAVID, Janet; LOBENFELD, Eric; MINTZER, Erica; SCHECHTER, Minda. Op. cit., p. 2047, rodapé no original. Tradução livre de: "This test has been criticized, especially in high technology industries where decisions based on past demand, it is argued, may prevent future progress and innovations. A strict application of Jefferson Parish's test, based in part on a consumer demand test, may not consider the full panoply of efficiencies that can come from technological integration. With increasing innovation, it may be difficult to determine whether integrating two functions is inappropriate tying or legitimate competition through technological progress. The hesitancy of courts to engage in an evaluation of

Esta discussão foi especialmente intensa no caso *Microsoft*, quando surgiu o entendimento de que havia uma categoria de venda casada - que se convencionou denominar tecnológica (*technological tying*) - que não poderia ser examinada sob a ótica restrita do teste *per se*. Vale recapitular o histórico do caso para desenvolver este ponto.

Em 1995, a Microsoft e o Departamento de Justiça dos Estados Unidos celebraram um acordo que proibia a empresa de praticar diversas condutas consideradas anticompetitivas, tais como a venda casada. No entanto, com relação a esta conduta, abriu-se uma exceção: "ressalvado, entretanto, que essa disposição em si mesma não será interpretada como uma proibição à Microsoft de desenvolver produtos integrados".[157]

Os subsequentes questionamentos do governo norte-americano sobre a conduta da Microsoft focaram atenção na separação dos produtos necessária para a configuração de uma venda casada ilegal.

Em 2001, ao examinar, *inter alia*, a venda casada do *software* Windows e do navegador Internet Explorer, o Circuito D.C. reconheceu a existência de dois produtos distintos, mas entendeu que, em casos que envolvam plataformas de *software*, deveria ser aplicada a regra da razão, já que a tradicional orientação cunhada no julgamento do caso *Jefferson Parish* era demasiadamente centrada em uma análise pretérita e não seria suficiente para examinar eficiências inovativas.[158]

---

product design choices and their willingness to recognize efficiencies stemming from technological integrations may make such claims difficult".

157. Conforme reproduzido por McDAVID, Janet; LOBENFELD, Erica; MINTZER, Eric; SCHECHTER, Minda. Op. cit., p. 2048. Tradução livre de: "provided, however, that this provision in and of itself shall not be construed to prohibit Microsoft from developing integrated products".

158. Conforme destacam Constance E. Bagley e Gavin Clakson: "Nesse sentido, os autos foram remetidos à vara distrital para que avaliasse se, segundo a Regra da Razão, as vantagens procompetitivas da integração sobrepujavam os custos aos consumidores da sua impossibilidade de negociar diretamente preço/qualidade no mercado do produto subordinado". Tradução livre de: "Accordingly, it remanded the case to the district court for its evaluation of whether, under the Rule of Reason, the procompetitive advantages of integration outweighed the costs to consumers of impairing consumers' ability to make direct price/quality tradeoffs in the tied market" (BAGLEY, Constance E.; CLAKSON, Gavin. Adverse possession for intellectual property: adapting an ancient concept to resolve conflicts between antitrust and intellectual property laws in the information age. *Harvard Journal of Law & Technology*, v. 16, n. 2, p. 356, Spring 2003). No entanto, a ques-

A controvérsia também aparece na Europa. De acordo com as "Orientações relativas à aplicação do artigo 81.º do Tratado CE aos acordos de transferência de tecnologia", para a configuração de uma venda casada

> [...] é uma condição que os produtos e tecnologias em causa sejam distintos no sentido em que exista uma procura distinta para cada produto e cada tecnologia que constitui parte da subordinação ou agrupamento. Não é normalmente o que acontece quando as tecnologias ou produtos estão necessariamente ligados de tal forma que a tecnologia licenciada não pode ser explorada sem o produto subordinado ou as duas partes do pacote não podem ser exploradas uma sem a outra.[159]

Além desses dois testes, há ainda um terceiro frequentemente utilizado nos Estados Unidos, mormente em casos envolvendo patentes. Nesse teste, a separação dos produtos é examinada sob a ótica do uso do produto vinculado. Se demonstrada a exclusividade do uso, ou seja, se o produto vinculado puder ser utilizado apenas em conjunto com o produto ou tecnologia principal, estar-se-ia diante de um produto *non-staple*:

> Outro elemento de vendas casadas envolvendo propriedade intelectual que às vezes se torna um problema é a existência e a natureza dos dois produtos. Especificamente, se um produto "subordinado" não tem serventia, exceto com a máquina ou tecnologia patenteada, não se configura aí uma venda casada ilícita. Produtos que tenham usos substanciais não violadores são designados produtos "*staple*". Os produtos são "*non-staple*" quando destinados a uso apenas com a patente, o produto ou o método.[160]

Em 1980, a Suprema Corte norte-americana examinou o caso *Dawson Chemical*, confirmando que não se está diante de uma venda casada ilícita

tão não chegou a ser plenamente examinada, uma vez que a empresa e a corte inferior celebraram um acordo judicial em 01.11.2001.

159. Item 191.

160. McDAVID, Janet; LOBENFELD, Eric; MINTZER, Erica; SCHECHTER, Minda. Op. cit., p. 2038. rodapé no original. Tradução livre de: "Another element of tie-ins involving intellectual property that sometimes becomes an issue is the existence and character of the two products. Specifically, where the 'tied' product has no use except with the patented machine or technology, an unlawful tie-in will not be found. Products having substantial noninfringing uses are referred to as 'staple' products. Products are 'nonstaple' where their only use is with the patent, product, or method".

quando o detentor de uma patente – no caso, um método de aplicação do produto químico propanil para exterminar ervas daninhas em arrozais – tenta fazer valer seus direitos de patente com respeito a um bem *non-staple* não patenteado, *in casu*, o propanil.

A Suprema Corte ressaltou que este era o entendimento do legislador ao expressar que o detentor de uma patente pode recusar-se a licenciar um bem *non-staple* utilizado apenas em sua invenção. De fato, como previsto no Estatuto de Patentes (*Patent Act*), seção 271(c):

> Quem quer que venda ou ofereça para venda dentro dos Estados Unidos ou importe para os Estados Unidos um componente de uma máquina, fabricação, combinação ou composição patenteada, ou um material ou dispositivo para uso na prática de um processo patenteado que constitua parte substancial da invenção, sabendo que este foi especialmente feito ou adaptado para uso em violação dessa patente, e não um artigo ou produto comercial "staple" adequado para uso substancialmente não violador, será responsabilizado como um colaborador da infração.[161]

No entanto, a conclusão acima não implica afirmar que se estará diante de uma venda casada ilegal quando o bem subordinado for *staple* (ou seja, se tiver outros usos além daquele relacionado ao bem ou tecnologia principal). Nessa hipótese, deve ser aplicada a regra da razão, sopesando-se os efeitos anticompetitivos e as eficiências. Michael A. Einhorn fornece um bom exemplo de quando isso pode acontecer:

> Se os produtos subordinados são produtos "*staple*" concorrentes, a venda casada pode ser um método razoável de mensurar os usos que podem conduzir a preços iniciais menores e maior penetração de mercado de um produto principal patenteado. Economias de escala e efeitos positivos de rede podem ser obtidos na medida em que uma base de usuários mais ampla dos produtos de série é formada. Ao contrário da

161. Tradução livre de: "Whoever offers to sell or sells within the United States or imports into the United States a component of a patented machine, manufacture, combination, or composition, or a material or apparatus for use in practicing a patented process, constituting a material part of the invention, knowing the same to be especially made or adapted for use in an infringement of such patent, and not a staple article or commodity of commerce suitable for substantial non-infringing use, shall be liable as a contributory infringer".

> atual ilegalidade *per se*, uma regra da razão ou mesmo legalidade *per se* parece atrativa.[162]

Por outro lado, quando o produto secundário for um *staple* diferenciado e "ele próprio um produto de inovação, um dano maior no longo prazo é concebível, inclusive na forma de menor variedade e inovação de produto".[163]

Um exemplo de bens diferenciados são os jogos de videogames. Em 1993, em um caso de suposta violação das leis de direito do autor (e não antitruste), o 9.º Circuito dos Estados Unidos considerou que a engenharia reversa realizada pela Accolade, Inc. nos consoles fabricados pela Sega Enterprises Ltd. era um "uso justo" (*fair use*) do direito. E reconheceu "os benefícios da diferenciação do produto e da escolha do consumidor, e o fato de que os dois produtores de jogos estavam envolvidos em uma interação mais complexa que variava entre concorrência e complementaridade".[164]

Usando o caso *Sega*, Michael A. Einhorn explica que há três tipos de perdas econômicas decorrentes deste tipo de restrição, donde se conclui que cabem análises distintas para produtos diferenciados e não diferenciados:

> Primeiro, os softwares da Accolade eram inovações que ampliaram a qualidade melhorada do produto e a escolha do consumidor. Negar acesso à plataforma do console reduziria o ganho do consumidor. Segundo, a Accolade reprojetou seus jogos para um padrão comum; os usuários puderam escolher uma ampla seleção de jogos sem a necessidade de adquirir um segundo console. A presença de mais softwares pode aumentar a demanda do consumidor pelo hardware plataforma por meio de efeitos de rede, reduzindo, portanto, os custos por unida-

162. EINHORN, Michael A. Tying, refusal to deal, and patents: economics at the summit. *SSRN - Social Science Research Network*, p. 16. Disponível em: <http://ssrn.com/abstract=336000>. Acesso em: 4 dez. 2010. Tradução livre de: "If tied goods are competitive staples, tying may be a reasonable method of metering uses that can lead to lower initial prices and greater market penetration of a patented tying product. Both scale economies and positive network effects may follow as a wider user base of platform products is built out. In contrast to the present per se illegality, a rule of reason or even per se legality seems attractive".

163. EINHORN, Michael A. Op. cit., p. 16. Tradução livre de: "itself an innovation product, more long run harm is conceivable, including lessened product variety and innovation".

164. Id. Ibid., p. 14, rodapé no original. Tradução livre de: "the benefits of product differentiation and consumer choice, and the fact that the two game producers engaged in a more complex interaction that simultaneously exhibited both competition and complementarity".

> de e, consequentemente, aumentando a demanda tanto da plataforma como dos softwares.[165]

Diante do exposto, depreende-se que os testes utilizados para verificar a separação dos produtos não são apenas úteis para permitir ou não o prosseguimento da análise de um caso de venda casada. Servem também para extrair as peculiaridades da prática em razão das diferentes naturezas dos bens secundários envolvidos, o que poderá impactar de forma mais significativa a análise de seus efeitos anticompetitivos e eficiências econômicas.

2.3.2 Poder de mercado

O ofertante do produto ou serviço deve ter suficiente poder de mercado no mercado de origem para que possa compelir o comprador a aceitar o segundo produto ou serviço que ele não queria ou que poderia ter comprado de outro vendedor, de modo a afetar as relações de concorrência no mercado do produto ou serviço vinculado ou até mesmo no mercado do produto principal.

Para ilustrar a situação, Paula A. Forgioni examina uma situação de venda casada de carnes bovina e suína praticada por um açougue de uma determinada cidade:

> Ora, o consumidor que não se interessar pela aquisição conjunta simplesmente dirigir-se-á a outra loja. Situação bem diversa daquele em que *o açougue é o único estabelecimento* desse tipo na região e temos elevadas barreiras no caminho de novos entrantes. Nesta segunda hipótese, o mercado de venda de carne suína poderia ser fechado; na primeira, esse efeito seria improvável.[166]

Na ausência de poder de mercado, o comprador poderia adquirir o produto ou serviço vinculado de outro fornecedor. Conforme explicado nas diretrizes de aplicação do regulamento europeu sobre transferência de tecnologia:

165. Id. Ibid., p. 15, rodapés no original. Tradução livre de: "First, Accolade's software products were new innovations that widened improved product quality and consumer choice. To deny access to the console platform then would reduce consumer surplus. Second, Accolade engineered its games back to a common standard; users could choose a wide selection of games without needing to buy a second console. The presence of more software may increase consumer demand for platform hardware through network effects, thereby driving down unit costs and consequently increasing further the demand for both platform and software".

166. FORGIONI, Paula A. *Os fundamentos do antitruste*, cit., p. 373, grifos no original.

> Para que a subordinação possa ter efeitos anticoncorrenciais, o licenciante deve dispor de um grau significativo de poder de mercado relativamente aos produtos subordinantes para poder restringir a concorrência relativamente aos produtos subordinados. Na ausência de poder de mercado relativamente ao produto subordinante, o licenciante não pode utilizar a sua tecnologia com um objectivo anticoncorrencial e excluir os fornecedores do produto subordinado.[167]

Embora esse requisito pareça bastante óbvio, houve, durante muito tempo, especialmente com relação a direitos de propriedade intelectual, uma intensa discussão nas cortes norte-americanas sobre a necessidade ou não de comprovação de poder de mercado para caracterização das vendas casadas.

A presunção de que os direitos de propriedade intelectual – mais especificamente, as patentes – conferiam poder de mercado a seus detentores surgiu em 1947, quando a Suprema Corte dos Estados Unidos julgou o caso *International Salt*[168] (que, curiosamente, não envolveu a discussão sobre propriedade intelectual), tendo esse debate aparentemente chegado ao fim apenas em 2006, quando o mesmo tribunal julgou o caso *Independent Ink*:

> Até a recente decisão da Suprema Corte no caso Illinois Tool Works v. Independent Ink, havia uma divergência entre as instâncias judiciais quanto a se a mera detenção de uma patente ou de outro direito de propriedade intelectual faria supor a existência de poder de mercado necessário para impor uma venda casada, ou se o efetivo poder de mercado precisava ser demonstrado. Contudo, a decisão da Suprema Corte no caso Independent Ink resolveu qualquer conflito, sustentando que um autor de uma ação que alegar que violações antitruste ocorreram como resultado de uma venda casada ilegal de um artigo patenteado deve provar que o detentor da patente tem poder de mercado sobre o produto principal (e patenteado). Além de eliminar qualquer divergência entre as instâncias e inconsistências com a legislação de patentes com relação à questão do poder de mercado, a decisão da Suprema Corte representa um distanciamento contínuo de sua suspeita histórica sobre as vendas casadas.[169]

167. Orientações relativas à aplicação do artigo 81.º do Tratado CE aos acordos de transferência de tecnologia, item 193.

168. Cf. Sue Ann Mota (The untwining of patent law and antitrust: no presumption of market Power in patent tying cases according to the Supreme Court in Illinois Tool Works v. Independent Ink, cit., p. 58.

169. McDAVID, Janet; LOBENFELD, Eric; MINTZER, Erica; SCHECHTER, Minda. Op. cit., p. 2038, notas de rodapé no original. Tradução livre de: "Until the recent

Para entender a relevância da decisão da Suprema Corte, vale resgatar os fatos que deram origem à ação judicial. A empresa Illinois Tools Work (ITW), por meio de sua subsidiária Trident, fabricava e vendia sistemas de impressão patenteados e tinta especialmente desenhada (porém não patenteada) para utilização nestes sistemas. No momento da venda e do licenciamento de seus sistemas de impressão para diversos fabricantes, a ITW determinou, e os fabricantes concordaram, que tais sistemas somente poderiam usar a tinta fabricada pela própria ITW. Por sua vez, a Independent Ink desenvolveu uma tinta compatível com os sistemas de impressão desenvolvidos pela ITW e, após o insucesso de uma ação com base na legislação de patentes, contestou judicialmente a venda casada promovida pela ITW com base no *Sherman Act*.

Mais do que reverter a decisão de uma corte inferior, que havia decidido pela condenação da ITW, a Suprema Corte, em julgamento unânime, reviu por completo a jurisprudência e a doutrina sobre venda casada envolvendo direitos de propriedade intelectual (especialmente patentes), rejeitando a presunção até então vigente de que as patentes conferiam poder de mercado a seus detentores.

A conclusão da Suprema Corte foi baseada nos estudos doutrinários a respeito do tema, na prática das autoridades de defesa da concorrência dos Estados Unidos, que em 1995 já haviam publicamente manifestado que a simples existência de um direito de propriedade intelectual não confere obrigatoriamente a seu titular uma posição de poder de mercado,[170] e no fato de que tal presunção já havia sido afastada em 1988 pelo Congresso norte-americano

Supreme Court decision in Illinois Tool Works v. Independent Ink, there was a split among the circuits as to whether the mere possession of a patent or other intellectual property was presumed to convey the requisite market power to impose a tie, or whether actual market power had to be demonstrated. The Supreme Court's Independent Ink decision resolved any conflict, however, holding that a plaintiff that alleges that antitrust violations have occurred as a result of an illegal tie on a patented article must prove that the patent holder has market power in the tying (and patented) product. In addition to eliminating any split among the circuits and inconsistencies with the patent statute regarding the issue of market power, the Supreme Court's decision represents a continuing shift away from the Court's historical suspicion of tying arrangements".

170. Cf. Guia Antitruste para o Licenciamento de Propriedade Intelectual (1995), item 5.3: "As Agências não presumirão que uma patente, direito autoral ou segredo de negócio necessariamente confere poder de mercado a seu proprietário". Tradução livre de: "Agencies will not presume that a patent, copyright, or trade secret necessarily confers market power upon its owner". United States. Department of Justice. Federal Trade Commission – FTC. *Antitrust Guidelines for the Licensing*

para os casos de *patent misuse*, ao obrigar o autor da alegação de venda casada como matéria de defesa para uma violação de direito de patente a comprovar que o titular da patente possui poder de mercado.[171]

Ressalte-se que Brasil, Estados Unidos e Europa estipulam que somente se presume a existência de poder a partir de um determinado nível de participação de mercado.

No Brasil, a presunção aparece no artigo 20, da Lei n. 8.884, de 11 de junho de 1994:

> § 2.º Ocorre posição dominante quando uma empresa ou grupo de empresas controla parcela substancial de mercado relevante, como fornecedor, intermediário, adquirente ou financiador de um produto, serviço ou tecnologia a ele relativa.
>
> § 3.º A posição dominante a que se refere o parágrafo anterior é presumida quando a empresa ou grupo de empresas controla 20% (vinte por cento) de mercado relevante, podendo este percentual ser alterado pelo CADE para setores específicos da economia.

---

of Intellectual Property. Apr. 1995. Disponível em: <http://www.justice.gov/atr/public/guidelines/0558.htm>. Acesso em: 12 dez. 2010.

171. Em 1988, o Congresso americano alterou a legislação de patentes, que passou a prever que o poder de mercado não será presumido pela mera existência da patente, devendo ser comprovado pela parte que alega que a venda casada constitui *misuse*. A redação do § 271(d)(5) do 35 U.S.C. (Estatuto das Patentes) é a seguinte: "Nenhum proprietário de patente que de outra forma tenha direito a interpor medida judicial em virtude de infração ou colaboração na infração de uma patente terá essa medida negada ou será considerado culpado pelo mau uso ou concessão ilegal do direito de patente em virtude de ter praticado um ou mais dos seguintes atos: [...] (5) condicionado o licenciamento de quaisquer direitos de patente ou a venda do produto patenteado à aquisição de uma licença de direitos de outra patente ou à aquisição de um produto separado, a menos que, em vista das circunstâncias, o proprietário da patente tenha poder de mercado no mercado relevante da patente ou do produto patenteado ao qual a licença ou venda esteja condicionada". Tradução livre de: "No patent owner otherwise entitled to relief for infringement or contributory infringement of a patent shall be denied relief or deemed guilty of misuse or illegal extension of the patent right by reason of his having done one or more of the following: [...] (5) conditioned the license of any rights to the patent or the sale of the patented product on the acquisition of a license to rights in another patent or purchase of a separated product, unless, in view of the circumstances, the patent owner has market power in the relevant market for the patent or patented product on which the license or sale is conditioned".

De maneira coerente, o Conselho Administrativo de Defesa Econômica - CADE já fixou entendimento de que a mera detenção de um direito de propriedade intelectual não implica a configuração de uma situação de poder de mercado:

> [...] a existência de um monopólio legal relativo ao uso de determinada tecnologia não implica, necessariamente, que o mercado em que tal tecnologia se insere possa ser caracterizado como um monopólio econômico. É perfeitamente concebível que tecnologias distintas, que visem à mesma finalidade, sejam consideradas concorrentes entre si, integrando, por conseguinte, o mesmo mercado relevante.[172]

Na Europa, de acordo com o Regulamento (CE) n. 772/2004 da Comissão Europeia, de 7 de abril de 2004, também se presume que não ocorre venda casada (ou outras infrações concorrenciais) se o acordo de licenciamento for celebrado entre concorrentes que detenham em conjunto menos de 20% do mercado, ou 30% em caso de acordo entre empresas que não sejam concorrentes.[173]

Nos Estados Unidos, o Guia Antitruste para o Licenciamento de Propriedade Intelectual estipula que estão isentos do escrutínio antitruste aqueles acordos de licenciamento em que "o licenciante e seus licenciados coletivamente não respondem por mais de 20% de cada mercado relevante significativamente afetado pela restrição".[174]

172. Averiguação Preliminar n. 08012.001315/2007-21 (Philips do Brasil Ltda. e Koninklijke Philips Electronics N.V.), fls. 1029, voto do Conselheiro Relator Olavo Zago Chinaglia. Julgamento em 13.05.2009.

173. Artigo 3.º, 2. Conforme explicado no item 192 das "Orientações relativas à aplicação do artigo 81.º do Tratado CE aos acordos de transferência de tecnologia" que trata das vendas casadas, o "artigo 3.º do RICTT, que limita a aplicação da isenção por categoria aos limiares de quotas de mercado, garante que a subordinação e o agrupamento não beneficiarão da isenção por categoria para além dos limiares das quotas de mercado de 20%, no caso de acordos entre concorrentes e 30%, no caso de acordos entre não concorrentes".

174. Tradução livre de: "the licensor and its licensees collectively account for no more than twenty percent of each relevant market significantly affected by the restraint". Nos casos de mercados de tecnologia e de pesquisa e desenvolvimento, se não houver dados de participação de mercado disponíveis, a isenção será aplicada se, respectivamente, "houver quatro ou mais tecnologias independentemente controladas, além das tecnologias controladas pelas partes do acordo de licenciamento, que podem ser consideradas substitutos da tecnologia licenciada a um custo comparável ao usuário" (tradução livre de: "there are four or more independently controlled technologies in addition to the technologies controlled by the parties

Outro assunto usualmente abordado quando se trata deste requisito é se a existência de poder de mercado no mercado secundário (e não no principal) poderia ser igualmente aceita para fins de comprovação da ilicitude de uma venda casada.

Esta discussão aparece, sobretudo, nos casos em que há a ocorrência do fenômeno *lock-in* (ou aprisionamento) de clientes ou consumidores que, ao adquirirem o produto principal, tornam-se dependentes do mesmo fornecedor no mercado do produto ou serviço vinculado.

Para configuração dessa situação de aprisionamento, considera-se necessário que haja custos de troca elevados no mercado do produto principal e que não haja informação completa ao consumidor ou cliente sobre os custos dos produtos ou serviços secundários no momento da aquisição do produto principal.

O caso clássico de condenação de venda casada em razão da configuração de *lock-in* no mercado dos produtos e serviços secundários é o *Kodak*, julgado nos Estados Unidos em 1992. Um bom resumo do caso é apresentado pelo ex-presidente do Conselho Administrativo de Defesa Econômica - CADE, Arthur Sanchez Badin:

> Em 1992, a Suprema Corte americana analisou um caso em que a empresa Eastman Kodak Co. era acusada de vincular a venda de peças de reposição de suas máquinas fotocopiadoras aos serviços de reparação. [...] investigou-se se a Kodak, apesar de não deter poder de monopólio no mercado de máquinas fotocopiadoras, poderia o ter nos serviços de reparo e reposição de peças de suas máquinas. Tratava-se de um clássico exemplo de "*lock-in*" [...]. A Kodak alegou que, não detendo poder de monopólio sobre o mercado de máquinas copiadoras - o que restou reconhecido pela Corte - não teria como impor preços supracompetitivos

to the licensing arrangement that may be substitutable for the licensed technology at a comparable cost to the user"), e houver "quatro ou mais pessoas jurídicas independentemente controladas, além das partes do acordo de licenciamento, que possuam os ativos ou características especializados exigidos e o incentivo de participar de pesquisa e desenvolvimento que sejam um substituto próximo das atividades de pesquisa e desenvolvimento das partes do acordo de licenciamento" (tradução livre de: "four or more independently controlled entities in addition to the parties to the licensing arrangement possess the required specialized assets or characteristics and the incentive to engage in research and development that is a close substitute of the research and development activities of the parties to the licensing agreement") (item 4.3, rodapés no original).

> sobre suas peças de reposição pois, se o fizesse, seus clientes simplesmente deixariam de comprar suas máquinas.[175]

A Suprema Corte rejeitou os argumentos de defesa da Kodak, alegando que:

> [...] o custo do consumidor de trocar a máquina por outra de um concorrente ("lock-in") e o custo e a dificuldade de se aferir o valor do pacote (ou seja, o valor da máquina mais o valor de todas as peças de reposição e serviços de reparação de que ela precisará por todo seu ciclo de vida) permitiria à Kodak explorar os consumidores mais vulneráveis".[176]

Esta decisão é alvo de inúmeras críticas por parte de doutrinadores e é aplicada com cautela por juízes e tribunais nos Estados Unidos.[177] A principal crítica que se faz a essa decisão, e, consequentemente, à possibilidade de condenação de uma empresa que não detém poder no mercado do produto principal, é que não se trata de um problema antitruste, conforme asseverado no voto dissidente no mesmo julgamento:

> [...] na visão de Scalia, esse tipo de Poder meramente "indiciário" não constitui um problema antitruste. É inevitável em muitos relacionamentos comerciais - uma "breve perturbação", cuja correção deve caber ao direito das obrigações e contratual. Na visão do Ministro Scalia, o tipo de poder que é relevante para o antitruste é o poder de exigir de terceiros rendimentos de monopólio ao longo de um período mais constante. Esse poder não é demonstrado aqui, em virtude da vigorosa concorrência no mercado de copiadoras.[178]

---

175. Voto-vista proferido nos autos da Averiguação Preliminar n. 08012.003009/2006-49 (Oracle do Brasil Sistemas Ltda.), arquivada pelo Conselho Administrativo de Defesa Econômica - CADE em 23.06.2010, p. 7-8. Neste processo, investigou-se a venda casada de *softwares* e suporte técnico.

176. Id. Ibid., p. 8.

177. Cf. ressalta Karin Grau-Kuntz: "Nos processos que seguiram aquela decisão os tribunais americanos trataram de aplicar a decisão Kodak de forma restritiva, ora não enfocando para a sua análise o mercado secundário de um produto específico como relevante, ora só admitindo o abuso de poder econômico quando o produtor tivesse aumentado seus preços em um momento posterior a aquisição do produto primário pelos consumidores" (GRAU-KUNTZ, Karin. Op. cit., p. 163, nota de rodapé no original).

178. ANDERSEN, William R. *Kodak* and aftermarket tying analysis: some comparative thoughts. *Pacific Rim Law & Policy Journal*, v. 4, n. 1, p. 289, 1995. Tradução

A posição de parte considerável da doutrina é assim resumida:

> [...] a opinião da Corte no caso *Kodak* foi amplamente criticada por confundir a questão do poder de uma única empresa sobre seu próprio preço e o conceito adequado de poder de mercado antitruste, que exige que a empresa tenha o poder de controlar os preços de mercado. [...] o primeiro conceito pode existir em mercados competitivos, nos quais os vendedores vendem produtos diferenciados, mas individualmente não têm poder sobre o preço de mercado. Portanto, não é adequado comparar o poder sobre o preço de produto próprio, que ocorre com frequência dentro de indústrias competitivas com produtos diferenciados, à capacidade de afetar o preço de mercado, que é a preocupação correta da política antitruste.[179]

No Brasil, Arthur Sanchez Badin também compartilha da crítica e apresenta solução semelhante à do voto dissidente no caso *Kodak* para os casos em que haja *lock-in*:

> Discordando da decisão da Suprema Corte, entendo que tanto o caso por ela analisado como o em tela representam exemplos de falha de mercado por assimetria de informação, mas não propriamente um problema antitruste (quando muito, tratar-se-ia de um problema de defesa do consumidor, a ser analisado em outra seara).[180]

---

livre de: "[...] in Scalia's view, this kind of merely 'circumstantial' Power is not of concern to antitrust. It is inevitable in many commercial relationships – a 'brief perturbation' whose correction should be left to tort and contract law. In Justice Scalia's view, the kind of power that is relevant to antitrust is power to exact monopoly rents from others over a more sustained time period. Such power is not shown here because of the vigorous competition in the copier market".

179. KOBAYASHI, Bruce H. Spilled ink or economic progress? The Supreme Court's decision in Illinois Tool Works v. Independent Ink. *The Antitrust Bulletin*, v. 53, n. 1, p. 5-33, p. 26, Spring 2008. Tradução livre de: "[...] the Court's opinion in Kodak has been widely criticized for confusing the issue of a single firm's power over its own price and the proper concept of antitrust market power, which requires the firm to have the power to control market prices. [...] the former concept can exist in competitive markets where sellers sell differentiated products but individually have no power over the market price. Thus, it is not appropriate to equate power over one's own product's price, which occurs frequently within competitive industries with differentiated products, with the ability to affect the market price, which is the proper concern for antitrust policy".

180. Voto-vista proferido nos autos da Averiguação Preliminar n. 08012.003009/2006-49, cit., p. 8.

De fato, se não caracterizada como uma venda casada anticompetitiva (ou seja, se inexistente poder no mercado do produto principal e desconsiderado eventual poder no mercado do bem ou serviço secundário), ainda assim aqueles que se julgassem prejudicados pela prática poderiam recorrer a outros remédios previstos pelo ordenamento pátrio. No caso de consumidores, por exemplo, poderia haver recurso ao artigo 39, I, da Lei n. 8.078, de 11 de setembro de 1990 (Código de Defesa do Consumidor).[181]

Constance E. Bagley e Gavin Clakson apresentam uma proposta para solucionar este conflito, que basicamente consiste em analisar-se *ex ante* se o detentor do direito de propriedade intelectual permitiu ou incentivou a criação de um mercado secundário. Se não o fez, poderia recusar o licenciamento e não haveria violação antitruste:

> Nossa proposta estabelece que os proprietários de propriedade intelectual devem ter o direito ab initio de excluir outras empresas de desenvolver mercados secundários dentro do âmbito da concessão da proteção original da propriedade intelectual, por meio de recusas unilaterais de licenciamento da propriedade intelectual. Se, contudo, as outras empresas não forem excluídas e mercados secundários se desenvolverem e fornecerem um produto ou serviço que seja solicitado separadamente pelos consumidores, então, após um período suficiente, o usucapião impediria os proprietários originais da propriedade intelectual de excluir outras empresas dos mercados secundários se relacionados a produtos existentes. O proprietário da propriedade intelectual, contudo, teria direito de impedir o desenvolvimento de novos mercados secundários para novos produtos, a menos que (1) o proprietário da propriedade intelectual novamente não faça uma reivindicação baseada no âmbito integral da concessão de propriedade intelectual relativa aos mercados secundários em potencial, ou (2) o proprietário da propriedade intelectual tenha poder de mercado e o produto subjacente seja caracterizado por efeitos de rede. No último caso, propomos a aplicação da Regra da Razão, se for considerado que o produto subjacente representa um recurso essencial.[182]

181. "Artigo 39. É vedado ao fornecedor de produtos ou serviços, dentre outras práticas abusivas: I – condicionar o fornecimento de produto ou de serviço ao fornecimento de outro produto ou serviço, bem como, sem justa causa, a limites quantitativos."

182. BAGLEY, Constance E.; CLAKSON, Gavin. Op. cit., p. 392. Tradução livre de: "Our proposal dictates that intellectual property owners should be entitled ab initio to exclude other firms from developing ancillary markets within the scope of the original intellectual property grant, via unilateral refusals to license the

Embora seja interessante, esta proposta provavelmente descambaria na discussão de outra prática anticompetitiva: a recusa de contratar ou licenciar, que não é aqui analisada.

Ainda não se sabe exatamente como o Conselho Administrativo de Defesa Econômica - CADE decidirá os casos em que simultaneamente o detentor do direito de propriedade intelectual não detiver poder no mercado do produto principal (chamado de *foremarket*) e detiver poder no mercado do produto secundário (*aftermarket*), de forma que os clientes ou consumidores sejam "aprisionados" e houver custos de troca do produto principal bastante elevados.[183]

A Comissão Europeia já julgou alguns casos dessa natureza e parece concordar com a análise realizada no caso *Kodak*.[184] De acordo com a autoridade, haverá abuso de poder econômico no *aftermarket* quando a concorrência no mercado primário (onde não existe posição dominante) for insuficiente para

intellectual property. If, however, the other firms are not excluded and ancillary markets develop and provide a product of service that is separately demanded by consumers, then, after a sufficient period of time, adverse possession would preclude the original intellectual property owners from excluding other firms from the ancillary markets as they pertain to existing products. The intellectual property owner would, however, be entitled to foreclose the development of new ancillary markets relating to new products unless (1) the intellectual property owner again fails to claim the entire scope of the intellectual property grant relative to potential ancillary markets, or (2) the intellectual property owner has market power and the underlying product is one that characterized by net-work effects. In the latter case, we propose an application of the Rule of Reason if the underlying product is found to be an essential facility".

183. Em 15.12.2010, o CADE identificou a existência de indícios de infração à ordem econômica e rejeitou o entendimento da Secretaria de Direito Econômico - SDE de que algumas montadoras não poderiam abusar de seus desenhos industriais sobre algumas peças de reposição. A decisão unânime determinou que a SDE instaurasse o competente processo administrativo para investigar os efeitos *lock-in* dessas montadoras com relação ao mercado de reposição. O processo administrativo foi instaurado pela SDE no início de 2011, mas ainda não há previsão de quando será julgado.

184. Para maiores informações sobre a recepção do método de análise desenvolvido na decisão Kodak na União Europeia, vide GRAU-KUNTZ, Karin. O desenho industrial como instrumento de controle econômico do mercado secundário de peças de reposição de automóveis: uma análise crítica a recente decisão da Secretaria de Direito Econômico (SDE), cit., p. 25-27.

disciplinar, de forma efetiva, a concorrência no mercado secundário. O seguinte trecho ajuda a compreender a visão europeia:

> No caso Pelikan/Kyocera, a Comissão entendeu que não se poderia considerar que a Kyocera detivesse posição dominante no mercado de toners e outros itens de consumo compatíveis com seu sistema exclusivo no mercado de impressoras, pois a participação de mercado da Kyocera era relativamente pequena e havia concorrência considerável nesse mercado. A Comissão considerou que o mercado de impressoras e o mercado de itens de consumo estavam inter-relacionados de tal maneira que a concorrência horizontal no mercado de impressoras criava disciplina efetiva no mercado vertical.[185]

Um último fator relevante que merece atenção das autoridades de defesa da concorrência é quando a prática de venda casada ocorre em um contexto em que o detentor do direito de propriedade intelectual atue em um mercado caracterizado por externalidades de rede (quanto mais pessoas detiverem um determinado produto ou tecnologia, mais a rede gerará efeitos positivos de uso, como ocorre, por exemplo, na indústria de *software*), ou crie um padrão de tecnologia que afete as relações de concorrência no mercado do produto ou serviço secundário.[186] Estes casos serão mais detidamente examinados no tópico que tratará dos efeitos anticompetitivos da prática.

185. Tradução livre de: "In the Pelikan/Kyocera case the Commission took the view that Kyocera could not be considered to have a dominant position in the market for toner and other consumables which were compatible with its proprietary system in the market for printers, since Kyocera's market share in the market for printers was relatively low and there was considerable competition on this market. The Commission found that the printer market and the consumables market were interrelated in such a way that the horizontal competition on the printer market constituted effective discipline in the vertical market". FISCHER, Elke. Info-Lab/Ricoh. *Competition Policy Newsletter*, n. 1, p. 36, fev. 1999, Competition Directorate-General of the European Commission, rodapé no original. Para se avaliar a inter-relação dos mercados, uma série de questionamentos deve ser respondida, tais como se os consumidores fazem suas aquisições com base em suficientes informações, e se os custos e tempo de troca, em caso de aumento de preços no mercado secundário, permitem a adaptação do padrão de compras no mercado do produto principal (p. 36-37).

186. Um bom exemplo desse segundo tipo de caso foi analisado no caso *C. R. Bard*, julgado nos Estados Unidos em 1998, em que o redesenho de um bem patenteado não foi aceito como justificativa da venda casada.

2.3.3 Existência de coerção (comprovação da venda condicional)

Bastante relacionado ao critério de existência de poder de mercado, a vinculação coercitiva de oferta de um produto ou serviço vinculado a outro é o elemento central de caracterização de uma venda casada ilegal.

Calixto Salomão Filho inclui a venda casada como uma das hipóteses de negociação compulsória, destacando que o elemento coerção (compulsão) é fundamental para agrupar determinadas práticas dentro um mesmo conjunto (além da venda casada, outras como recusa e exclusividade):

> De forma muito sintética e abreviada, pode-se dizer que a compulsão consiste na determinação das condições essenciais do negócio por uma das partes contratantes, em decorrência da inexistência de alternativa economicamente viável para a outra parte. A compulsão pode tanto concretizar-se através da imposição de determinada negociação – como ocorre na venda casada e nos negócios recíprocos – como realizar-se através da negativa de conclusão de negócios.[187]

A síntese apresentada está de acordo com o entendimento prevalecente da Suprema Corte dos Estados Unidos no caso *Jefferson Parish*, julgado em 1984:

> Em nossos casos, concluiu-se que a característica essencial de uma venda casada inválida reside na exploração, pelo vendedor, de seu controle sobre o produto principal para forçar o comprador à aquisição de um produto subordinado que ele não quisesse adquirir de jeito algum ou que preferiria adquirir em outro lugar, em condições diferentes. Se essa "coerção" estiver presente, a concorrência no mérito no mercado do item subordinado é restringida [...].[188]

No entanto, não existe uma regra sobre qual tipo de prova ou indício deve ser apresentado para que se caracterize a existência de coerção. O requisito de comprovação da venda condicional está ligado à forma como a prática é imposta, usualmente havendo uma venda ou um contrato para vender um

187. SALOMÃO FILHO, Calixto. Op. cit., p. 198.

188. 466 U.S. 2, p. 12. Tradução livre de: "Our cases have concluded that the essential characteristic of an invalid tying arrangement lies in the seller's exploitation of its control over the tying product to force the buyer into the purchase of a tied product that the buyer either did not want at all, or might have preferred to purchase elsewhere on different terms. When such 'forcing' is present, competition on the merits in the market for the tied item is restrained [...]".

produto ou serviço condicionado à aquisição de outro. Na lição de Paula A. Forgioni:

> [a] casuística dos *tying arrangements* demonstra que os agentes econômicos são bastante criativos nas formas de implementação desse expediente: cláusulas contratuais de redação sofisticada, alegações de necessidade de manutenção da qualidade, vinculação do produto mediante uma imposição técnica (por exemplo, apenas determinada recarga do mesmo fabricante encaixa na máquina), perda da assistência técnica "gratuita" caso o adquirente se valha de produtos, serviços ou peças de reposição de outros fabricantes etc.[189]

Além disso, a coerção também pode ser econômica:

> Venda casada não é só aquela em que é obrigatória a compra dos dois produtos em conjunto. Ela também existe quando o preço cobrado pelo produto vendido separadamente é exorbitante, isto é, não corresponde nem aproximadamente ao acréscimo de custo causado ao vendedor pela separação dos produtos. [...] O consumidor sente-se constrangido a comprar os produtos em conjunto para evitar o prejuízo decorrente da compra separada do produto que lhe interessa.[190]

Nos Estados Unidos, as cortes não puderam até o momento apresentar uma linha divisória clara entre o que seria coerção e o que seria um tipo de persuasão aceitável:

> Por exemplo, alguns tribunais consideraram que a simples pressão do pessoal de Vendas para que se aceite uma combinação de produtos não constitui coerção. Em outros contextos, alguns tribunais consideraram que a pressão econômica inerente à oferta de um pacote de descontos não gerou coerção. [...] Outros tribunais, contudo, reconheceram que a coerção estava ou poderia estar presente quando um vendedor oferecia produtos separados a preços não razoáveis, implicando que a única opção realista para os compradores seria a compra do pacote. O fato de o vendedor não indicar aos compradores a disponibilidade de produtos subordinados em outro lugar não foi considerada coerção, assim como esforços infrutíferos de forçar o comprador a adquirir os produtos subordinados e uma alteração na duração do prazo contratual. Contudo, os tribunais entenderam haver coerção quando um relacionamento

189. FORGIONI, Paula A. *Os fundamentos do antitruste*, cit., p. 372.

190. Id. Ibid., p. 225.

> contratual é rescindido por descontinuação da compra do produto subordinado.[191]

Por outro lado, não existirá coerção quando "o comprador for livre para adquirir qualquer um dos produtos isoladamente",[192] ou quando os produtos só podem ser comercializados conjuntamente (ou seja, quando constituem um único produto pela ótica do consumidor ou cliente), fator este já examinado quando se tratou do primeiro requisito.

2.3.4 Geração de efeitos anticompetitivos

O quarto requisito para a configuração da ilicitude de uma venda casada é a existência ou potencialidade de geração de efeitos anticompetitivos. E aqui reside uma das principais discussões a respeito das vendas casadas e das demais práticas restritivas verticais.[193]

Paulo Furquim de Azevedo descreve que a literatura e a jurisprudência nos Estados Unidos são muito irregulares na análise dos efeitos anticompetitivos de práticas verticais, grupo no qual estão incluídas as vendas casadas:

> Muita controvérsia marca o debate a respeito dos eventuais efeitos anticompetitivos de restrições verticais ou, mais genericamente, do controle vertical. Essa controvérsia não ficou circunscrita à academia, mas transbordou para a prática antitruste, sobretudo nos EUA, cuja juris-

191. ABA. Section of Antitrust Law. *Antitrust law developments*, cit., p. 188-189, nota de rodapé no original. Tradução livre de: "For example, some courts have held that mere Sales pressure to take a combination of products does not constitute coercion. In other contexts, some courts have found that the economic pressure inherent in offering a package discount did not amount to coercion. [...] Other courts, however, have recognized that coercion was or could be present when a seller offered unbundled products as such uneconomic prices that the only realistic option for purchasers was to buy the package. A seller's failure to point out to buyers the availability of tied products elsewhere has been held not to constitute coercion, as have unsuccessful efforts to force the purchaser to buy the tied products and a change in the length of a contract term. Courts have found coercion, however, when a contractual relationship is terminated for failure to continue purchasing the tied product".

192. Conforme entendimento da Suprema Corte dos Estados Unidos no caso *Northern Pacific*, julgado em 1958 (356 U.S. 1, p. 6). Tradução livre de: "the buyer is free to take either product by itself".

193. Para uma visão completa da teoria econômica sobre o assunto, vide MEESE, Alan J. Tying meets the new institutional economics: farewell to the chimera of forcing. *University of Pennsylvania Law Review*, v. 146, n. 1, p. 1-99, Nov. 1997.

prudência a esse respeito oscilou a repressão indiscriminada e a quase-imunidade de restrições verticais.[194]

De acordo com o autor, há dois principais efeitos associados a esse tipo de prática: a alavancagem do poder de mercado e o fechamento de mercado. Com relação ao primeiro:

> Pelo seu apelo intuitivo [...] esta tese foi bastante influente na política antitruste americana nas décadas de 1950 e 1960 [...]. Sua gestão foi marcada por forte intervenção da política de defesa da concorrência, coibindo, algumas vezes por meio de regras *per se*, o emprego de restrições verticais dos mais variados tipos.[195]

A alavancagem do poder de mercado é altamente contestada pela Escola de Chicago, que sustenta não ser possível ao monopolista extrair dois lucros de monopólios, simultaneamente. O raciocínio é construído da seguinte forma:

> [...] O lucro de monopólio é, por definição, o máximo lucro que pode ser extraído de uma determinada curva de demanda. Preços mais baixos que o de monopólio geram lucros menores porque, embora a quantidade vendida cresça, a queda da margem unitária (preço subtraído de custos) é proporcionalmente maior. Também preços mais altos que o de monopólio geram lucros inferiores, uma vez que, nesse caso, a queda na quantidade vendida é proporcionalmente maior que o aumento de margem. E isto, é claro, não é um acaso; simplesmente o preço de monopólio é a escolha que torna o lucro máximo. Não é possível, portanto, se extrair mais renda de uma demanda final do que a que já extrai um monopolista, mesmo que este passe também a monopolizar a produção de seus insumos ou a distribuição de seu produto.
>
> A conseqüência desse raciocínio, ainda de acordo com a Escola de Chicago, é que não haveria interesse no exercício de controle vertical para fins de alavancagem de poder de mercado nos demais elos de uma cadeia produtiva.[196]

A Escola Pós-Chicago identificou as vulnerabilidades dos argumentos da Escola de Chicago. Apesar de concordar que "não é racional utilizar restrições verticais para impor duas margens de monopólio aos consumidores", identificou que "pode haver racionalidade econômica em se restringir a concorrência

194. AZEVEDO, Paulo Furquim de. Op. cit., p. 4.
195. Id. Ibid., p. 4.
196. Id. Ibid., p. 5.

por meio do controle vertical com o fim de *proteger – e não aumentar – o lucro de monopólio pré-existente*".[197]

Nesse sentido, seria possível argumentar que a teoria da alavancagem ainda pode ser aplicada (ou melhor, a alavancagem é rentável ao monopolista) quando se está diante de um dos três cenários identificados por Franklin M. Fisher:

> 1 – Essa alavancagem pode aumentar os lucros de monopólio no produto monopolizado. Isso pode acontecer se nem todo consumidor utilizar sempre A e B em proporções fixas ou se B em si não for vendido em condições competitivas.
>
> 2 – Essa alavancagem pode servir para "organizar" o mercado de B, transferindo os rendimentos do monopólio ou os criando onde não existiam previamente.
>
> 3 – Essa alavancagem pode proteger o monopólio original no mercado de A.[198]

Por sua vez, o fechamento de mercado[199] foi apontado como o principal efeito anticompetitivo associado às práticas verticais, passando assim a ser identificado pelas autoridades de defesa da concorrência.

No Brasil, conforme se depreende do Anexo I, B, da Resolução n. 20, editada pelo Conselho Administrativo de Defesa Econômica – CADE em 9 de junho de 1999, a venda casada e as demais práticas restritivas verticais tipificadas na legislação antitruste (*e.g.*, fixação de preço de revenda, restrições territoriais e de base de clientes, acordos de exclusividade, recusa de negociação

197. AZEVEDO, Paulo Furquim de. Op. cit., p. 6.

198. FISHER, Franklin M. Innovation and monopoly leveraging. In: ELLIG, J. (Ed.). *Dynamic competition and public policy*: technology, innovation, and antitrust issues. Cambridge: Cambridge University Press, 2000. Disponível em: <http://ssrn.com/abstract=247514>. Doi: 10.2139/ssrn.247514. Acesso em: 30 nov. 2010. Tradução livre de: "1 – Such leveraging can increase monopoly profits in the monopolized product. This can happen if not every customer always uses A and B in fixed proportions or if B is itself not competitively sold. 2 – Such leveraging can serve to 'organize' the market for B, transferring monopoly rents or creating them where they did not previously exist. 3 – Such leveraging can protect the original monopoly in the market for A".

199. Variações do efeito de fechamento de mercado são a elevação do custo de rivais ou, mais genericamente, "limitação à capacidade de outras empresas concorrerem por custos, por diferenciação ou inovação". Cf. AZEVEDO, Paulo Furquim de. Op. cit., p. 9.

e discriminação de preços) são consideradas anticompetitivas quando geram esse tipo de efeito, *i.e.*,

> quando implicam a criação de mecanismos de exclusão dos rivais, seja por aumentarem as barreiras à entrada para competidores potenciais, seja por elevarem os custos dos competidores efetivos, ou ainda quando aumentam a probabilidade de exercício coordenado de poder de mercado por parte de produtores/ofertantes, fornecedores ou distribuidores, pela constituição de mecanismos que permitem a superação de obstáculos à coordenação que de outra forma existiriam.[200-201]

A Comissão Europeia também entende que o principal efeito negativo da venda casada é o possível fechamento do mercado:

> O principal efeito restritivo da subordinação consiste em excluir os fornecedores concorrentes do produto subordinado. A subordinação pode igualmente permitir que o licenciante mantenha poder no mercado do produto subordinado criando obstáculos à entrada, uma vez que pode forçar os novos candidatos a entrarem simultaneamente em vários mercados. Além disso, a subordinação pode igualmente permitir ao licenciante aumentar as *royalties*, em especial quando o produto subordinante e o produto subordinado são potencialmente substituíveis e os dois produtos não são utilizados em proporções fixas. A subordinação impede o licenciado de passar a utilizar produtos de substituição quando as *royalties* aumentam relativamente ao produto subordinado.[202]

200. E continua: "A fixação de preço de revenda discutida adiante, pode, por exemplo, aumentar a probabilidade de êxito de um cartel em virtude da redução dos custos de monitoramento das empresas participantes, visando evitar a desobediência ao acordo ilícito".

201. Ao fazer uma interessante comparação sobre como o assunto é discutido nos Estados Unidos, na Europa e no Brasil, Paulo Furquim de Azevedo destaca a importância que é dada pelas autoridades brasileiras à identificação deste efeito: enquanto "a prática antitruste norte-americana no tratamento de restrições verticais foi marcada por intenso debate e, sobretudo por grandes oscilações entre o rigor e a absoluta tolerância", a jurisprudência europeia e brasileira "revelam um padrão consistente do *enforcement* da política antitruste em condutas verticais, em geral sensível aos diversos ganhos de eficiência que podem decorrer de restrições verticais, mas atento à sua possível utilização como instrumento de fechamento de mercado, em prejuízo do bem estar social" (AZEVEDO, Paulo Furquim de. Op. cit., p. 7-8, grifos no original).

202. Orientações relativas à aplicação do artigo 81.º do Tratado CE aos acordos de transferência de tecnologia, item 193.

Como destacado por diversos autores,[203] o exemplo clássico de venda casada resultando em fechamento de mercado pode ser visto no já mencionado caso *Microsoft*. A empresa teria utilizado seu poder no mercado de sistema operacional e passado a vendê-lo em conjunto com seu navegador de internet. O objetivo anticompetitivo apontado pelo Departamento de Justiça dos Estados Unidos não era alavancar as vendas e extrair lucros de monopólio no mercado secundário, mas sim preservar o poder no mercado do sistema operacional, que poderia ser ameaçado pelos rivais com atuação no mercado de navegadores de internet – como o Netscape –, encarados como potenciais entrantes no mercado do produto principal.

Outro efeito usualmente associado à venda casada é a possibilidade de discriminação entre adquirentes.[204] No entanto, tendo em vista que a discriminação pode levar a um uso mais racional dos recursos e que os consumidores (ou melhor, o bem-estar do consumidor) não são necessariamente afetados de maneira negativa por esta prática, a doutrina entende que a discriminação como efeito anticompetitivo é de difícil comprovação.

Um quarto efeito anticompetitivo da venda casada, bastante relevante em mercados caracterizados por externalidades de rede, é a possível diminuição no ritmo de investimento em pesquisa e desenvolvimento. De acordo com Paulo Marcos Rodrigues Brancher:

> [...] a justificativa da preocupação é de que a oferta agregada de produtos ou tecnologias por um agente dominante em um mercado caracterizado pelas externalidades de rede, provavelmente fará com que esse produto agregado se torne igualmente dominante, ainda que de qualidade inferior, por aumentar a barreira à entrada de novos concorrentes e fazer com que estes se desestimulem a assumir os riscos atrelados aos investimentos em P&D. O consumidor acaba por adquirir um produto ou tecnologia de qualidade inferior, muito mais pelo fato de estar agregado ao produto dominante do que pelas suas funcionalidades, se comparado ao produto ou tecnologia concorrente.[205]

Esta preocupação é corroborada por Franklin M. Fisher:

---

203. GILBERT, Richard J.; TOM, Willard K. Is innovation king at the antitrust agencies? The intellectual property guidelines five years later. *Competition Policy Center Working Papers*, n. 1-20, p. 19, May 2001. Disponível em: <www.haas.berkeley.edu/groups/cpc/pubs/publications.html>. Acesso em: 8 dez. 2010. AZEVEDO, Paulo Furquim de. Op. cit., p. 7.

204. Para maiores explicações, vide: FORGIONI, Paula A. Op. cit., p. 378-379.

205. BRANCHER, Paulo Marcos Rodrigues. Op. cit., p. 153, rodapé no original.

> Além disso, é muito importante não perder de vista o fato de que permitir que um monopolista expanda seu monopólio por meio da inovação pode aumentar o incentivo do *monopolista* de inovar, mas pode muito bem dificultar ou impedir a inovação por parte de outros. Talvez o efeito mais prejudicial das ações da Microsoft tenha sido a forte mensagem por ela enviada de que as inovações que interferissem em seu monopólio dos sistemas operacionais não seriam toleradas.[206]

Outros efeitos anticompetitivos apontados pela doutrina são o afastamento da fiscalização de preços em mercados regulados, o escoamento de produtos de pouca aceitação e o disfarce de preço predatório,[207] que, por sua reduzida recorrência, não serão aqui abordados.

2.3.5 Ausência de justificativas (eficiências) econômicas

A avaliação das eficiências associadas à venda casada não é uma tarefa simples, especialmente em casos envolvendo direitos de propriedade intelectual. Como regra geral, a doutrina indica que não se deve levar em conta somente aspectos estáticos da competição (ou seja, aqueles relacionados a variações de preço), mas também as eficiências dinâmicas:

> Ao considerar os efeitos de um acordo específico, é preciso reconhecer que as eficiências podem surgir de diversas maneiras; algumas eficiências podem levar a reduções de preços, algumas podem levar a eficiências inovadoras, outras podem levar a ambos os resultados, e algumas podem levar a um resultado às expensas do outro. A sociedade moderna deve reconhecer cada vez mais a necessidade de considerar mais do que apenas os efeitos sobre preço, e reconhecer que pode haver uma troca entre eficiências alocativas e inovativas.[208]

---

206. FISHER, Franklin M. Op. cit., p. 30, ênfase no original. Tradução livre de: "Moreover, it is very important not to lose sight of the fact that permitting a monopolist to leverage its monopoly through innovation may increase the *monopolist's* incentive to innovate but may very well hamper or prevent innovation by others. Perhaps the most harmful effect of Microsoft's actions was the strong message they sent that innovations that interfered with Microsoft's monopoly in operating systems would not be tolerated".

207. Vide FORGIONI, Paula A. *Direito concorrencial e restrições verticais*. São Paulo: Ed. Revista dos Tribunais, 2007. p. 252 e 255.

208. McDAVID, Janet; LOBENFELD, Eric; MINTZER, Erica; SCHECHTER, Minda. Op. cit., p. 2048. Tradução livre de: "In considering the effects of a particular arrangement, there should be recognition that efficiencies may come in many forms; some efficiencies may lead to price reductions, some may lead to innovative

Há três principais grupos de eficiências associadas às vendas casadas envolvendo direitos de propriedade intelectual.

Em primeiro lugar, as eficiências baseadas em custos.

Em segundo lugar, as eficiências ligadas a controle de qualidade e satisfação do consumidor/cliente, usualmente suscitadas em casos envolvendo *after-markets* (mercados de peças ou serviços usados em conjunto com o produto principal).

Em terceiro lugar, as eficiências associadas à própria existência dos direitos de propriedade intelectual.

Passar-se-á a tratar de cada um desses grupos separadamente.

No que se refere ao primeiro grupo de eficiências, já detidamente tratadas no tópico que examinou a existência de dois produtos ou serviços, Paulo Furquim de Azevedo destaca que: "[...] ao controle vertical estão usualmente associados diversos tipos de eficiência, derivados de economias de escopo, da redução de problemas informacionais e, mais genericamente, de custos de transação".[209]

O segundo grupo é composto das eficiências mais usualmente alegadas em casos de venda casada: as de que a prática serve como instrumento de controle de qualidade quando o bem condicionado é usado em conjunto com o bem principal, o que resultaria na proteção da reputação do vendedor. O argumento é assim resumido por Edward Iacobucci:

> Se produtos subordinados inferiores forem utilizados juntamente com o produto principal, o desempenho conjunto dos produtos será inferior. O comprador, contudo, não consegue distinguir se o desempenho inferior decorre de um produto principal de qualidade inferior, ou de um produto subordinado de qualidade inferior. Como resultado dessa confusão, o vendedor impõe a venda casada, assegurando dessa forma que produtos subordinados de qualidade inferior não prejudicarão sua reputação com relação aos produtos principais de alta qualidade.[210]

---

efficiencies, some may lead to both, and some may lead to one at the expense of the other. Modern society must increasingly recognize the need to consider more than price effects, and recognize there may be a trade off between allocative and innovative efficiencies".

209. AZEVEDO, Paulo Furquim de. Op. cit., p. 5-6, referências no original.

210. IACOBUCCI, Edward. Tying as quality control: a legal and economic analysis. University of Toronto Faculty of Law. *Law and Economic Research Paper*, n. 01-09, p. 3, 2003. SSRN – Social Science Research Network. Disponível em: <http://papers.ssrn.com/abstract=293602>. Acesso em: 1.º dez. 2010. Tradução livre de:

Na Europa, o assunto é tratado da seguinte maneira pelo guia de aplicação do regulamento de contratos de transferência de tecnologia:

> A subordinação pode igualmente dar origem a ganhos de eficiência. É por exemplo o que acontece quando o produto subordinado é necessário para que a tecnologia licenciada possa ser explorada de forma tecnicamente satisfatória ou para garantir a conformidade da produção com as normas de qualidade observadas pelo licenciante e pelos outros licenciados. Nesses casos, as licenças subordinadas são geralmente ou não restritivas da concorrência ou abrangidas pelo n. 3 do artigo 81.º. Quando os licenciados utilizam a marca ou o nome do licenciante ou quando é evidente, para os consumidores, que existe uma subordinação entre o produto que incorpora a tecnologia licenciada e o licenciante, o licenciante tem um interesse legítimo em se assegurar de que a qualidade dos produtos não prejudica a sua tecnologia e a sua reputação enquanto operador económico. Além disso, se os consumidores tiverem conhecimento de que os licenciados (e o licenciante) produzem com base na mesma tecnologia, não é provável que os licenciados estejam dispostos a obter uma licença, a menos que a tecnologia seja explorada por todos de uma forma tecnicamente satisfatória.[211]

Nos Estados Unidos, esse tipo de eficiência já foi aceito em algumas situações. No caso *Jerrold Electronics*, julgado em 1960, a venda casada entre um sistema eletrônico integrado e sua garantia foi aceita, ao menos com relação a um período de tempo limitado, como justificativa de garantia do funcionamento de complexo equipamento no início do desenvolvimento daquele mercado.[212] No caso *Dehydrating Process*, julgado em 1961, um tribunal reconheceu que não se está diante de uma venda casada ilegal quando a prática é necessária para corrigir a falta de satisfação do cliente.[213]

No entanto, nem sempre este tipo de eficiência é aceito. Um bom exemplo de rejeição pode ser visto no caso *C.R. Bard*, julgado em 1998.

"If inferior tied goods are used in conjunction with the tying good, poor joint performance of the goods results. The buyer, however, is unable to distinguish whether poor performance reflects a poor quality tying good, or a poor quality tied good. As a result of this confusion, the seller imposes the tie, thereby assuring that shoddy tied goods will not hurt its reputation for high quality tying goods".

211. Orientações relativas à aplicação do artigo 81.º do Tratado CE aos acordos de transferência de tecnologia, item 194.

212. Cf. ABA. Section of Antitrust Law. *Intellectual property and antitrust handbook*, cit., p. 195.

213. Id., loc. cit.

A C.R. Bard era o principal produtor de uma pistola patenteada usada para retirar amostras de pele para a realização de testes laboratoriais (biópsias). A pistola era um bem de consumo durável, que utilizava agulhas não patenteadas - produzidas pela própria empresa e por outros fabricantes. A C.R. Bard redesenhou sua pistola e desenvolveu uma nova agulha patenteada, que era a única compatível com o produto principal. O argumento de que o redesenho era um desenvolvimento tecnológico do produto não foi comprovado e, portanto, foi rejeitado:

> Houve provas robustas de que os motivos reais de a Bard ter modificado a pistola foram aumentar o custo de entrada de potenciais fabricantes de agulhas de reposição, deixar os médicos apreensivos por não utilizar agulhas Bard e impedir o uso de agulhas "piratas".[214]

Especialmente nos casos de venda casada tecnológica, o redesenho de produtos e tecnologias não será questionado quando houver comprovação de que é decorrente da necessidade de desenvolvimento de produtos com maior qualidade. No entanto, se a nova tecnologia resultar no fechamento de um sistema aberto (como no caso descrito, em que havia diversos produtores independentes que já fabricavam agulhas), o escrutínio antitruste tende a ser mais intenso.[215]

214. C.R. Bard v. M3 Systems Inc., 157 F. 3d., p. 1382 (Circuito Federal, 1998). Tradução livre de: "there was substantial evidence that Bard's real reasons for modifying the gun were to raise the cost of entry to potential makers of replacement needles, to make doctors apprehensive about using non-Bard needles, and to preclude the use of 'copycat' needles".

215. De acordo com Daniel E. Gaynor: "[um] monopolista cria uma venda casada tecnológica quando projeta um produto de forma que ele funcione apenas quando utilizado em conjunto com seus próprios produtos complementares. Por exemplo, um fabricante de sistemas de câmera que lançar um novo corpo de câmera que funcionará apenas com sua própria linha de lentes criou uma venda casada tecnológica entre o corpo da câmera e as lentes. Essa dependência entre produtos pode decorrer da necessidade de se desenvolver um produto melhor ou pode representar uma tentativa do fabricante de fechar artificialmente o sistema de câmera para a concorrência. Quando uma subordinação tecnológica fecha artificialmente um sistema inerentemente aberto, essa vinculação poderá estar sujeita ao escrutínio antitruste." Tradução livre de: "[a] monopolist engages in technological tying when it designs one product so that it functions only when used in conjunction with its own complementary products. For example, a camera system producer introducing a new camera body that will only work with its own line of lenses has technologically tied its lenses with its camera body. Such a dependency between

Este tipo de eficiência parece ser plenamente aceitável ao menos em uma situação: no caso de existência de franquias. Conforme destacado por Gustavo Piva de Andrade:

> [...] ninguém duvida que, em um sistema de *franchising*, o franqueador precisa agregar diversos produtos e impô-los em conjunto ao franqueado para que este cumpra os padrões de qualidade exigidos pela rede de franquia.[216]

Evita-se, assim, que o franqueado, valendo-se do renome da marca da franquia, seja desencorajado de manter padrões mínimos de qualidade, coibindo-se o que se convém denominar de efeito carona.

O terceiro grupo de eficiências baseia-se na própria existência dos direitos de propriedade intelectual. E o argumento fortemente propalado é que, na hipótese de a venda casada ser considerada ilegal, haverá um desincentivo à inovação.

A falácia deste argumento já foi debatida no capítulo 1. No entanto, cumpre ressaltar que essas eficiências também não são usualmente aceitas pelas autoridades competentes.

Exemplificativamente, no caso *Kodak*, quando a corte inferior condenou a empresa após a Suprema Corte ter entendido que a venda casada poderia ser ilegal, a empresa passou a defender que estava fechando o mercado de peças de reposição e serviços pós-venda em razão da existência de direitos de patentes nos produtos por ela comercializados. De acordo com a autoridade julgadora, a justificativa foi um mero "subterfúgio":

> Embora o tribunal de segunda instância tenha reconhecido que o desejo de proteger direitos de propriedade intelectual pode criar uma justificativa comercial legítima para a recusa de negociação, no caso Kodak II, considerou a defesa da Kodak como um pretexto.[217]

---

products may be a necessity of engineering a better product or it may represent the producer's attempt to artificially close the camera system from competition. When a technological tie artificially closes an inherently open system, the tying behavior may be subject to antitrust scrutiny" (GAYNOR, Daniel E. Technological tying. *Working Paper*, Federal Trade Commission, Bureau of Economics. n. 284, p. 1, Aug. 2006).

216. ANDRADE, Gustavo Piva de. Op. cit., p. 46.

217. BAGLEY, Constance E.; CLAKSON, Gavin. Op. cit.,. p. 345. Tradução livre de: "While the court of appeals acknowledged that a desire to protect intellectual

No caso *Microsoft*, a justificativa de que a legítima detenção dos direitos de propriedade intelectual impediria eventual responsabilização antitruste também foi vigorosamente rejeitada. Conforme destacam Constance E. Bagley e Gavin Clakson:

> O tribunal rejeitou a posição "arrojada e incorreta" da Microsoft de que, se os direitos de propriedade intelectual foram adquiridos licitamente, então seu exercício subsequente não pode suscitar responsabilidade antitruste, declarando que essa afirmação "não era mais correta que a afirmação de que o uso do bem pessoal de alguém, como um taco de beisebol, não pode suscitar responsabilidade civil". Conforme observado anteriormente, a Vara Distrital de D.C. citou com aprovação o texto utilizado pelo Circuito Federal em sua opinião no caso Xerox: "Direitos de propriedade intelectual não conferem privilégio para que se viole as leis antitruste".[218]

Por fim, uma regra geral que parece habitualmente utilizada na análise das eficiências é se haveria uma saída menos prejudicial para a adoção da prática:

> Segundo qualquer abordagem analítica sobre questões de licenciamento, o princípio de "prejuízo à concorrência na ausência da licença" é uma ferramenta útil na avaliação do impacto competitivo de um acordo de licenciamento. [...] Essa descoberta não leva automaticamente a uma conclusão de responsabilidade antitruste, mas constitui uma triagem para identificar uma conduta que exija análise posterior.[219]

---

property rights may create a legitimate business justification for a refusal to deal, in Kodak II it found Kodak's defense to be pretextual".

218. Id. Ibid., p. 354 (rodapé no original). Tradução livre de: "The court rejected Microsoft's 'bold and incorrect' position that if intellectual property rights have been lawfully acquired then their subsequent exercise cannot give rise to antitrust liability, stating that this assertion was 'no more correct than the proposition that use of one's personal property, such as a baseball bat, cannot give rise to tort liability'. As noted earlier, the D.C. Circuit cited with approval language from the Federal Circuit's opinion in Xerox: 'Intellectual property rights do not confer a privilege to violate the antitrust laws'".

219. WEINSCHEL, Alan J.; GILBERT, Richard J. Op. cit., p. 2018. Tradução livre de: "Under any analytic approach to licensing issues, the principle of 'harm to competition in the absence of the license' is a useful tool in assessing the competitive impact of a licensing arrangement. [...] This finding does not automatically lead to a conclusion of antitrust liability but is instead a screen to identify conduct that requires further analysis".

Embora se concorde que esse questionamento deva ser feito, entende-se que o raciocínio poderia impor um ônus excessivo ao detentor do direito de propriedade intelectual durante a comprovação das eficiências.[220]

O ordenamento jurídico pátrio parece ser sensível a esse tipo de situação, estabelecendo que, nos processos administrativos que possam resultar na aplicação de sanções, caberá à Administração Pública, com base nos princípios da motivação, do contraditório e da ampla defesa, levar em consideração os argumentos de defesa trazidos pelos administrados e justificar de maneira completa a decisão que levar a uma eventual condenação ou absolvição.

2.4 Pacotes e *pools* de licenças

Antes de examinar a natureza dos pacotes e *pools*, destacar-se-á a natureza dos direitos de propriedade intelectual que os compõem, pois os "riscos dos agrupamentos de tecnologia colocarem problemas a nível da concorrência, bem como as suas capacidades de melhorar os ganhos de eficiência, dependem numa grande medida da relação entre as tecnologias agrupadas e da relação entre as tecnologias agrupadas e as outras". [221]

Esta explicação inicial é fundamental para compreender os aspectos concorrenciais que podem ou não levar a uma análise mais detida pelas autoridades de defesa da concorrência.

Em geral, os pacotes e os *pools* são compostos por direitos de patente, e não serão objeto de preocupação antitruste se tais patentes forem bloqueadores, complementares ou essenciais.[222]

Bloqueadoras são as patentes que não podem ser exploradas sem que haja violação de outro direito de patente ou quando o uso de um direito requer o acesso a outro.

---

220. BRANCHER, Paulo Marcos Rodrigues. Op. cit., p. 152: "[...] a oferta agregada de produtos não carrega consigo, na maioria das vezes, a simpatia necessária para ser aceita no âmbito da concorrência e das relações de consumo. A explicação se dá basicamente por dois motivos: as eficiências atreladas à oferta agregada de produtos são de difícil comprovação, principalmente se efetuadas por agente que detenha poder de mercado e ainda, carregando consigo o ônus de demonstrar que essas eficiências não poderia ter sido alcançadas de outra forma" (rodapés no original).

221. Orientações relativas à aplicação do artigo 81.º do Tratado CE aos acordos de transferência de tecnologia, item 215.

222. ABA. Section of Antitrust Law. *Intellectual property and antitrust handbook*, cit., p. 239.

Complementares são aquelas cuja combinação permite uma prática mais eficiente da tecnologia, uso de um processo ou a produção de um bem, ou seja, há valor agregado no uso casado.[223]

Finalmente, são essenciais as patentes que devem ser necessariamente utilizadas para cumprir com um determinado padrão técnico.[224]

Passar-se-á a examinar as formas como são organizados os pacotes e os *pools*, seus possíveis efeitos anti e procompetitivos, bem como os principais desafios que impõem às autoridades de defesa da concorrência durante sua análise.

2.4.1 Pacotes de licenças

Os pacotes permitem a utilização de diversos direitos de propriedade intelectual detidos por uma única empresa dentro de um único ou de um conjunto de contratos de licenciamento relacionados.

Conforme identificado no capítulo 1, ao tratar do licenciamento dos direitos de propriedade intelectual, os benefícios desse tipo de prática são inúmeros. Podem, por exemplo, reduzir os custos de transação associados à negociação individual de cada uma das licenças, os custos de monitoramento e de *enforcement*.

As preocupações de natureza concorrencial dos pacotes de licenças e das vendas casadas são similares, até porque os primeiros podem ser uma das formas pelas quais as segundas se manifestam.

---

223. "Duas tecnologias constituem complementos, mas não substitutos, quando são ambas necessárias para fabricar o produto ou realizar o processo a que as tecnologias se aplicam. Inversamente, duas tecnologias constituem substitutos quando cada uma delas permite ao licenciado fabricar o produto ou realizar o processo a que as tecnologias se aplicam". (EUROPA. Comunicação da Comissão. Orientações relativas à aplicação do artigo 81.º do Tratado CE aos acordos de transferência de tecnologia. *Jornal Oficial*, n. C 101 de 27.04.2004. Disponível em: <http://europa.eu/legislation_summaries/competition/firms/l26108_pt.htm>. Acesso em: 8 dez. 2010. item 216, rodapé no original).

224. "Uma tecnologia é considerada essencial por oposição a não essencial, se não existir qualquer substituto para esta tecnologia entre as tecnologias agrupadas e entre as outras e se a tecnologia em questão constitui uma parte necessária do conjunto das tecnologias agrupadas para fabricar o ou os produtos ou realizar o ou os processos a que o agrupamento se aplica. Uma tecnologia para a qual não existe substituto, permanece essencial, enquanto a tecnologia for abrangida por pelo menos um direito de propriedade intelectual válido. As tecnologias essenciais são necessariamente também complementos." (cit., item 216).

Nesse sentido, se os pacotes forem voluntariamente aceitos pelos licenciados, que julgaram ser este o método de licenciamento mais eficiente, ou se as licenças forem oferecidas individualmente, sob condições razoáveis, não se está diante de uma prática de venda casada.

Por outro lado, se houver coerção e não for possível adquirir as licenças fora do pacote (*i.e.*, "se o licenciamento de um produto estiver condicionado à aceitação de uma licença de outro produto separado"),[225] a prática será examinada de acordo com as regras aplicáveis às vendas casadas.[226] Conforme determina o Guia Antitruste para o Licenciamento de Propriedade Intelectual norte-americano: "[s]e uma licença do pacote constituir uma venda casada, as Agências avaliarão seus efeitos competitivos sob os mesmos princípios que elas aplicam a outros acordos de operação casada".[227]

Se o pacote envolver licenças bloqueadoras ou essenciais, provavelmente não haverá preocupação antitruste. Aliás, há decisões judiciais nos Estados Unidos que entendem que não se está diante de dois produtos ou tecnologias separadas quando "duas (ou mais) patentes são necessárias para criar qualquer produto para o qual exista demanda".[228]

Os questionamentos podem ocorrer se o pacote incluir, ao mesmo tempo, licenças essenciais e não essenciais.

No que se refere a este ponto, há uma interessante discussão nos Estados Unidos, resultado do julgamento do caso *Philips*, em 2005, quando o Circuito Federal (notoriamente conhecido por sua deferência aos detentores de direitos de propriedade intelectual) rebateu essa presunção.

Ao reverter uma condenação pela International Trade Commission – ITC de que a Philips estava praticando venda casada na oferta de pacote de licenças para a produção de discos compactos (CDs), o tribunal criou uma distinção entre venda casada de patentes e produtos e venda casada de paten-

225. Department of Justice. Federal Trade Commission – FTC. *Antitrust Guidelines for the Licensing of Intellectual Property*, 1995, cit., item 5.3. Tradução livre de: "if the licensing of one product is conditioned upon the acceptance of a license of another, separate product".

226. Cf. destacado por McDAVID, Janet; LOBENFELD, Erica; MINTZER, Eric; SCHECHTER, Minda. Op. cit., p. 2051.

227. Item 5.3. Tradução livre de: "[i]f a package license constitutes a tying arrangement, the Agencies will evaluate its competitive effects under the same principles they apply to other tying arrangements".

228. ABA. Section of Antitrust Law. *Intellectual property and antitrust handbook*, cit., p. 208. Tradução livre de: "two (or more) patents are necessary to create any product for which there is demand".

tes e patentes. E entendeu que as licenças que se tornaram não essenciais ao longo da relação de licenciamento não poderiam de plano afastar o direito de seu detentor de exercer plenamente os direitos relacionados às demais licenças (ainda essenciais). A justificativa da decisão é resumida da seguinte forma:

> [...] se em função da inovação tecnológica uma das patentes previamente essenciais cobertas pela licença do pacote passar a ser não-essencial, todas as patentes licenciadas se tornarão inexequíveis devido ao mau uso, muito embora a licença do pacote fosse perfeitamente válida quando acordada pelas partes.[229]

A polêmica parece longe de ser resolvida. No entanto, entende-se que a adoção de programas de *compliance* para acompanhar a expiração do período da proteção conferida pelos direitos de propriedade intelectual, *i.e.*, o momento em que se tornam não essenciais, certamente contribuiria para afastar o risco de uma investigação.

2.4.2 Pools *de licenças*

Os *pools* (ou agrupamentos) são acordos pelos quais dois ou mais detentores de diferentes direitos de propriedade intelectual licenciam esses direitos em conjunto, em um pacote, para terceiros. Diferem dos pacotes de licença porque nesses existe apenas um único detentor que licencia seus direitos de propriedade intelectual em conjunto.

A estrutura dos *pools* pode variar significativamente, podendo assumir a forma de "simples acordos entre um número limitado de partes" ou de "acordos organizacionais complexos, nos quais a organização da concessão das licenças relativas às tecnologias agrupadas é confiada a uma identidade distinta".[230]

Assim como os pacotes de licenças, os agrupamentos também geram uma série de efeitos pró-competitivos, tais como a redução dos custos de transação e monitoramento. Adicionalmente, os *pools* podem integrar tecnologias complementares, evitar custos relacionados a litígios (muito relevantes especialmente para pequenos e médios empresários), estabelecer um limite aos

229. ABA. Section of Antitrust Law. *Intellectual property and antitrust handbook*, cit., p. 211, rodapé no original. Tradução livre de: "[...] if technological innovation rendered non-essential one of the formerly essential patents covered by the package license, all of the licensed patents would become unenforceable due to misuse, even though the package license would have been perfectly valid when the parties agreed to it".

230. "Orientações relativas à aplicação do artigo 81.º do Tratado CE aos acordos de transferência de tecnologia", cit., item 210.

royalties cumulativos para evitar uma dupla margem, e promover externalidades de rede e o desenvolvimento rápido de tecnologias que de outra forma estariam bloqueadas. [231]

Com relação ao último benefício apontado, ressalte-se que os *pools* são a forma mais eficiente de lidar com o fenômeno denominado "cipoal" de direitos de propriedade intelectual, apontado nas notas introdutórias deste estudo:

> Mesclando metáforas, analistas cuidadosos expressam cada vez mais preocupações com o fato de que nosso sistema de patentes (e direitos autorais) está de fato criando um *cipoal de patentes*, uma densa teia de direitos de propriedade intelectual sobrepostos que uma empresa precisa desembaraçar para efetivamente comercializar novas tecnologias. Com o acúmulo de inovações e múltiplas patentes de bloqueio, direitos de patente mais fortes podem ter o efeito perverso de sufocar, e não encorajar, a inovação.[232]

Nesse sentido, Carl Shapiro destaca com precisão a importância dos agrupamentos, sobretudo para o uso e o desenvolvimento de produtos e novas tecnologias:

> [...] sem os licenciamentos cruzados ou agrupamentos de patentes, há uma tendência de os produtos estarem sujeitos a "múltiplos ônus". O aumento de taxas de licenciamento pode ter diversas consequências pouco atraentes. Primeiro, os custos bem conhecidos do poder estático de monopólio são aumentados: os preços ficam bem acima dos custos marginais, levando ao uso ineficientemente baixo desses produtos. [...]

231. Para uma descrição detalhada desses benefícios, vide Giuseppe Colangelo (Avoiding the tragedy of the anticommons: collective rights organizations, patent pools and the role of antitrust, cit. p. 32-33); Department of Justice. Federal Trade Commission – FTC. *Antitrust Guidelines for the Licensing of Intellectual Property*, 1995, cit., item 5.5; e "Orientações relativas à aplicação do artigo 81º do Tratado CE aos acordos de transferência de tecnologia", cit., item 214.

232. SHAPIRO, Carl. *Navigating the patent thicket*: cross licenses, patent pools, and standard-setting. Mar. 2001, p. 1-2. Disponível em: <http://haas.berkeley.edu/~shapiro/thicket.pdf>. Acesso em: 4 nov. 2010, grifos e nota de rodapé no original. Tradução livre de: "Mixing metaphors, thoughtful observers are increasingly expressing concerns that our patent (and copyright) system is in fact creating a patent thicket, a dense web of overlapping intellectual property rights that a company must hack its way through in order to actually commercialize new technology. With cumulative innovation and multiple blocking patents, stronger patent rights can have the perverse effect of stifling, not encouraging, innovation".

> Segundo, esses encargos podem fazer com que determinados produtos não sejam produzidos, se aquela produção estiver sujeita a economias de escala. Terceiro [...], a perspectiva de pagamento desses *royalties* necessariamente reduz o retorno do projeto e desenvolvimento do novo produto e, portanto, pode facilmente ser um entrave à inovação e à comercialização de novas tecnologias.[233]

No entanto, os *pools* de licenças de direitos de propriedade intelectual podem gerar efeitos anticompetitivos. Além daqueles específicos das vendas casadas, já abordados, os agrupamentos levantam preocupações relacionadas à possibilidade de abuso de poder econômico de forma concertada. Se formados por empresas concorrentes ou potencialmente concorrentes, estes acordos podem levar à formação de cartéis para fixação de preços, restrição de oferta, divisão de mercado e manutenção de preços de revenda. Em última instância, este tipo de acordo ilícito gera perda do incentivo de inovar.

Essas preocupações foram endereçadas pelas autoridades de defesa da concorrência norte-americanas, que assim descreveram em seu Guia Antitruste para o Licenciamento de Propriedade Intelectual:

> Os acordos de licenciamento cruzado e de agrupamentos de patentes podem ter efeitos anticompetitivos em determinadas circunstâncias. Por exemplo, o preço coletivo ou restrições de oferta em agrupamentos, como por exemplo a comercialização conjunta de direitos de propriedade intelectual agrupados, com preços estabelecidos coletivamente ou restrições de oferta coordenadas, podem ser considerados ilícitos se não contribuírem para uma integração da atividade econômica entre os participantes que aumente a eficiência. [...]. Quando os acordos de licenciamento cruzado ou agrupamentos forem mecanismos para que haja fixação pura de preço ou divisão de mercado, eles estarão sujeitos à contestação segundo a regra per se [...].[234]

233. Id. Ibid., p. 6. Tradução livre de: "[...] without cross-licenses or patent pools, there is a tendency for products to bear 'multiple patent burdens'. The buildup of licensing fees can have several unattractive consequences. First, the well-known costs of static monopoly power are magnified: prices are well above marginal costs, causing inefficiently low use of these products. [...] Second, these burdens may cause certain products not to be produced at all, if that production is subject to economies of scale. Third [...], the prospect of paying such royalties necessarily reduces the return to new product design and development, and thus can easily be a drag on innovation and commercialization of new technologies".

234. Item 5.5. Tradução livre de: "Cross-licensing and pooling arrangements can have anticompetitive effects in certain circumstances. For example, collective price or

Na mesma linha, a Comissão Europeia:

> Os acordos de agrupamento de tecnologias podem restringir a concorrência. Tais acordos implicam necessariamente a venda em comum das tecnologias agrupadas o que, quando se trata de agrupamentos constituídos apenas ou predominantemente por tecnologias substituíveis entre si, equivale a um cartel de fixação de preços. Além disso, para além do facto de reduzirem a concorrência entre as partes, os agrupamentos de tecnologias podem igualmente, nomeadamente quando abrangem uma norma industrial ou criam uma norma industrial de facto, dar origem a uma redução da inovação, excluindo outras tecnologias do mercado. A existência da norma e das tecnologias agrupadas que lhe estão associadas pode dificultar a penetração no mercado de tecnologias novas e melhoradas.[235]

Outro efeito anticoncorrencial associado à atuação dos agrupamentos relaciona-se à possibilidade de impedir ou desencorajar seus participantes de se envolverem com atividades de pesquisa e desenvolvimento, o que resulta na diminuição do ritmo de inovação.[236] As autoridades estadunidenses explicam em quais situações esta prática pode ocorrer:

> [...] um acordo conjunto que exija que os membros concedam licenças mútuas para tecnologia atual e futura a um custo mínimo pode reduzir os incentivos para que seus membros realizem pesquisa e desenvolvimento, pois os membros do agrupamento precisarão dividir o sucesso de sua pesquisa e desenvolvimento e cada membro poderá desfrutar livremente das conquistas dos outros.[237]

---

output restraints in pooling arrangements, such as the joint marketing of pooled intellectual property rights with collective price setting or coordinated output restrictions, may be deemed unlawful if they do not contribute to an efficiency-enhancing integration of economic activity among the participants. [...]. When cross-licensing or pooling arrangements are mechanisms to accomplish naked price fixing or market division, they are subject to challenge under the per se rule [...]".

235. "Orientações relativas à aplicação do artigo 81.º do Tratado CE aos acordos de transferência de tecnologia", item 213.

236. Este tipo de prática pode igualmente ser classificado como uma hipótese de açambarcamento prevista no artigo 21, XVI, da Lei n. 8.884, de 11 de junho de 1994 ("açambarcar ou impedir a exploração de direitos de propriedade industrial ou intelectual ou de tecnologia").

237. Item 5.5. Tradução livre de: "[...] a pooling arrangement that requires members to grant licenses to each other for current and future technology at minimal cost may reduce the incentives of its members to engage in research and development because members of the pool have to share their successful research and develop-

Para uma análise eficiente das diversas variáveis concorrenciais envolvidas em acordos dessa natureza, concorda-se com a sugestão feita por Mark D. Janis, para quem as autoridades devem discriminar os aspectos de agregação e de disseminação promovidos pelos agrupamentos, que decorrem dos dois tipos de transação ali envolvidos.[238]

Em primeiro lugar, há os acordos de agregação de direitos, que são aqueles firmados entre os detentores dos direitos de propriedade intelectual para governar a relação entre eles e entre eles e o *pool*. Em segundo lugar, há os acordos de disseminação de direitos, que regulam a forma como eles serão licenciados entre os participantes do *pool* e entre o *pool* e terceiros.

Mark D. Janis propõe que a análise antitruste identifique as peculiaridades de cada um desses acordos. E considera que os aspectos de agregação de direitos são os mais importantes – e mais habitualmente negligenciados pelas autoridades – para a análise antitruste dos *pools*. Nesse sentido, acredita que a experiência adquirida na análise de vendas casadas seja fundamental, sobretudo quando se está diante de agrupamentos envolvendo direitos indesejáveis ou inválidos.[239]

Cinco principais fatores devem ser detidamente analisados. Em primeiro lugar, a natureza dos direitos de propriedade intelectual. Em segundo lugar, o poder de mercado dos licenciadores. Em terceiro lugar, se o *pool* restringe a habilidade de os detentores dos direitos de licenciá-los fora do acordo ou se restringe número de licenciados. Em quarto lugar, se há restrição de preços para a venda dos produtos produzidos a partir dos direitos licenciados. Em quinto lugar, se o *pool* gera efeitos negativos sobre a atividade de inovação, *e.g.*, se proibir melhorias feitas na própria tecnologia licenciada ou o questionamento de direitos inválidos.[240]

---

ment and each of the members can free ride on the accomplishments of other pool members".

238. JANIS, Mark D. Aggregation and dissemination issues in patent pools. *University of Iowa Legal Studies Research Paper*, n. 5-14, p. 3, Apr. 2005. SSRN – Social Science Research Network. Disponível em: <http://ssrn.com/abstract=715045>. Acesso em: 12 dez. 2010.

239. JANIS, Mark D. Op. cit., p. 8-9.

240. Na mesma linha, Giuseppe Colangelo: "[...] algumas questões analíticas importantes no exame dos agrupamentos de patentes: (i) o relacionamento das patentes entre si (as patentes são substitutas ou complementares?); (ii) o relacionamento dos membros entre si; (iii) o nível de exclusividade (a licença do agrupamento está disponível para todos? Alternativas ao licenciamento por meio do agrupamento?); (iv) o efeito potencial sobre a inovação dos licenciados." Tradução livre de: "[...] some key analytical issues in examining patent pools: (i) the

Este tipo de análise foi empreendida pelo Departamento de Justiça dos Estados Unidos, que já respondeu a diversas consultas sobre a legalidade de agrupamentos de patentes essenciais para a produção de determinados bens, tais como padrão MPEG-2 (1997), DVD-Video (1998) e DVD-ROM (1999).[241] A Federal Trade Commission - FTC igualmente examinou casos envolvendo a tecnologia para cirurgia ocular (tecnologia PRK) (1998) e plataforma 3G (2002). Apenas a tecnologia PRK não foi aprovada da forma como queriam as empresas que participavam do *pool*, pois houve a preocupação de que o arranjo poderia levar à fixação de preços.

Outra agenda a ser explorada na análise dos agrupamentos é quando eles se formam após contenciosos envolvendo direitos de propriedade intelectual. Os incentivos das partes antes, durante e depois dos litígios devem ser analisados. Como atenta Jay Pil Choy:

> A simples decisão de ajuizar uma ação, por exemplo, pode ter conteúdo informacional, especialmente quando há possibilidade de um acordo extrajudicial. Além disso, se houver informações privadas detidas por alguma das partes da lide com relação à validade da patente, o comportamento litigioso no Judiciário pode ter valor de sinalização e potencialmente influenciar os termos do licenciamento da mesma forma que o

relationship of the patents to each other (are the patents substitutes or complements?); (ii) the relationship of the members to each other; (iii) the degree of exclusivity (is pool license available to all? Alternatives to licensing through the pool?); (iv) the potential effect on licensee innovation" (Avoiding the tragedy of the anticommons: collective rights organizations, patent pools and the role of antitrust, cit., p. 57-58).

241. No Brasil, as empresas que formaram estes *pools* também foram investigadas pelas autoridades de defesa da concorrência. Em 2007, as empresas Gradiente Eletrônica S.A. e Cemaz Indústria Eletrônica da Amazônia S.A. apresentaram denúncia de que o pool estaria fazendo cobranças indevidas de *royalties* e afetando a concorrência no mercado de fabricação de DVDs. A Averiguação Preliminar n. 08012.001315/2007-21 foi arquivada pelo Conselho Administrativo de Defesa Econômica - CADE em 13.05.2009, sem que houvesse uma análise aprofundada da essencialidade das patentes reunidas no *pool*. De acordo com o Conselheiro Relator Olavo Zago Chinaglia (fls. 1035): "[...] se as próprias representantes - conhecedoras dessas tecnologias e, portanto, perfeitamente capazes de avaliar a sua essencialidade em seu próprio processo de produção - não foram capazes de identificar quais delas são, de fato, necessárias e quais, na realidade, estariam sendo vendidas de forma casada para os licenciatários, não vejo como a devolução dos autos para a SDE poderia alcançar resultado diverso do que foi atingido até o momento deste julgamento".

> comportamento predatório de uma empresa com posição consolidada pode afetar os termos de uma fusão com uma entrante [...].[242]

Em suma, a análise antitruste dos agrupamentos deve focar na possibilidade de geração de abuso de poder econômico cometido de forma coordenada (caso o *pool* envolva concorrentes) e unilateral. Neste último caso, os requisitos para configuração da venda casada poderão ser úteis.

Ressalte-se que, no Brasil, esses agrupamentos podem ser revistos tanto na forma de atos de concentração, segundo os artigos 54 e seguintes da Lei n. 8.884, de 11 de junho de 1994, como em sede de conduta.

242. CHOI, Jay Pil. Patent pools and cross-licensing in the shadow of patent litigation. *CESifo Working Paper*, n. 1070, Nov. 2003, p. 30. SSRN – Social Science Research Network. Disponível em: <http://ssrn.com/abstract=466062>. Acesso em: 11 dez. 2010. Tradução livre de: "The mere decision to bring a suit, for instance, can have informational content especially when out-of-court settlement is possible. In addition, if there is private information held by either of the disputing parties regarding the validity of the patent, litigation behavior in court can have signaling value and potentially influence the terms of licensing just as predatory behavior of the incumbent can affect the terms of a merger with the entrant [...]".

Notas Conclusivas

O objetivo da pesquisa ora apresentada era identificar se o direito antitruste poderia ser aplicável a casos envolvendo direitos de propriedade intelectual, elegendo a prática da venda casada como fio condutor da análise.

Conforme identificado no capítulo 1, a resposta revelou-se afirmativa. Seja sob o ponto de vista jurídico, seja sob o ponto de vista econômico, o direito antitruste é a ferramenta adequada para combater a venda casada ou quaisquer outras formas de abuso de poder econômico levado a cabo por um detentor ou um grupo de detentores de direitos de propriedade intelectual.

As justificativas da ausência de isenção antitruste ao exercício dos direitos de propriedade intelectual foram ali apresentadas de acordo com sua natureza jurídica ou econômica.

Do ponto de vista jurídico, duas justificativas foram apresentadas.

Em primeiro lugar, o exercício desses direitos pode resultar em abusos (extrapolação de seu conteúdo ou desvio de finalidade) que, presentes determinadas condições estruturais e comportamentais, podem configurar uma infração à ordem econômica.

Em segundo lugar, o ordenamento pátrio, mais do que não mencionar a existência de isenção antitruste à propriedade intelectual, claramente indica que a detenção desses direitos não se confunde com a atividade econômica que decorre de sua exploração, devendo esta cumprir com os mandamentos impostos, tais como a proibição de adoção de mecanismos artificiais de manipulação da concorrência.

Do ponto de vista econômico, também foram duas as justificativas apresentadas.

Em primeiro lugar, demonstrou-se que não há comprovação científica de que os direitos de propriedade intelectual geram progresso técnico e desenvolvimento econômico. Destarte, não sendo possível comprovar-se de antemão os efeitos positivos de sua exploração, não há também como justificar a utilização de restrições criadas por seus detentores que possam gerar efeitos em outros mercados.

Em segundo lugar, no momento do licenciamento desses direitos, usualmente pró-competitivo, podem ser criadas restrições injustificáveis que prejudicam a livre concorrência e demandam medidas de restabelecimento das normais condições de competição.

No decorrer da apresentação de cada uma das justificativas, abordou-se de que forma a venda casada, talvez melhor do que qualquer outra prática anticompetitiva, pode ser caracterizada como um abuso de poder econômico mediante a utilização de direitos de propriedade intelectual. Um resumo dessas explicações pode ser encontrado no início do capítulo 2.

Ao longo do segundo capítulo, foi possível contextualizar a importância da discussão sobre as vendas casadas envolvendo direitos de propriedade intelectual, que já havia sido ressaltada nas notas introdutórias.

Ademais, foram identificadas as diversas formas em que usualmente se revestem, bem como os principais requisitos utilizados para sua caracterização.

Neste ponto, concordou-se com a utilização de um teste composto de cinco principais etapas para fins de configuração do ilícito antitruste: (i) existência de dois produtos ou serviços separados; (ii) existência de poder no mercado do bem subordinante ou principal; (iii) existência de coerção (impossibilidade de aquisição do produto ou serviço vinculado de forma independente do produto principal); (iv) existência de efeitos anticompetitivos (reais ou potenciais); e (v) inexistência de justificativas ou eficiências econômicas suficientes. Em cada uma das etapas, foram apresentados os desafios especiais da análise envolvendo direitos de propriedade intelectual.

Por fim, apresentou-se o tema dos pacotes e agrupamentos de licenças de exploração de direitos de propriedade intelectual, uma vez que podem igualmente constituir tipos especiais de venda casada.

O fenômeno que mais chamou atenção do autor durante a pesquisa foi a prevalência de uma visão romanceada, na doutrina e na jurisprudência, no Brasil e no exterior, da relação entre direito antitruste e propriedade intelectual.

Com relação ao direito antitruste, há uma preocupação equivocada, segundo alguns autores citados, de que as autoridades antitruste possam promover o desincentivo à inovação ao interferirem em casos envolvendo propriedade intelectual.

No entanto, pelas razões expostas no capítulo 1, o direito antitruste parece ser bastante adequado para combater ilícitos envolvendo a propriedade imaterial. Nessa linha, vale transcrever o ensinamento de Herbert Hovenkamp:

> Quando uma prática contestada apresenta uma ameaça efetiva à concorrência e não é expressamente permitida pelas leis de PI, os tribunais estão bem instruídos a atuar em favor da promoção dos interesses

> concorrenciais de curto prazo reconhecidos pelo antitruste, ao invés da cacofonia de vozes refletida nas leis de PI.[243]

A busca pelo fortalecimento dos aspectos privatistas dos direitos de propriedade intelectual faz com que essas "vozes" procurem dissociá-los de suas verdadeiras funções estabelecidas no ordenamento jurídico. A confusão criada entre o direito de ressarcimento pelo uso das criações e a atividade econômica derivada de sua exploração é ecoada na doutrina e, lastimavelmente, afeta decisões judiciais e de autoridades de defesa da concorrência.[244]

No entanto, embora não tenha sido objeto do estudo ora apresentado, parece que a aplicação *ex post* do direito antitruste não é integralmente suficiente para endereçar este fenômeno identificado como "fetichismo" privatista da propriedade intelectual.

Desse modo, uma positiva agenda de pesquisa no campo "antitruste e propriedade intelectual" é identificar de que forma as autoridades de defesa da

243. HOVENKAMP, Herbert. The intellectual property-antitrust interface, cit., p. 1983. Tradução livre de: "When a challenged practice poses a true threat to competition and is not expressly permitted by the IP statutes, courts are well advised to err on the side of promoting the short-run competitive interests recognized in antitrust, rather than the cacophony of voices reflected in the IP laws".

244. O curioso é que, conforme aponta Cyril Ritter, as autoridades de defesa da concorrência são mais preparadas para examinar casos de abuso de poder econômico envolvendo propriedade intelectual. E são duas as razões que levam o autor a embasar sua conclusão. Em primeiro lugar, "[...] as informações de mercado disponíveis quando os direitos de PI são concedidos não são tão completas como as informações disponíveis quando processos antitruste surgem, o que implica dizer que as agências antitruste provavelmente têm informações melhores sobre a importância econômica de uma determinada inovação e sobre a estrutura do(s) mercado(s) onde a inovação é lançada" (tradução livre de: "[...] market information available when IP rights are granted is not as complete as the information available when antitrust cases arise, meaning that antitrust agencies are likely to have much better information about the economic importance of a given innovation and about the structure of the market(s) where the innovation is issued"). Em segundo lugar, "no atual contexto do entusiasmo desenfreado pela propriedade intelectual, as autoridades e os juízes antitruste estão menos propensos que a legislatura a ser influenciados pela prática de lobby" (tradução livre de: "in the current context of boundless enthusiasm towards intellectual property, antitrust enforcers and judges are less likely than the legislature to be influenced by lobbying"). (RITTER, Cyril. Refusal do deal and "essential facilities": does intellectual property require special deference comparable to tangible property? *World Competition*, p. 8, set. 2005).

concorrência e de propriedade intelectual podem criar orientações a respeito do correto uso desses direitos, bem como desenvolver e aperfeiçoar mecanismos que inibam (em uma perspectiva *ex ante*) a possibilidade de criação de situações de abuso de poder econômico.

Nessa linha de trabalho, o Conselho Administrativo de Defesa Econômica - CADE, a Secretaria de Direito Econômico - SDE e o Instituto Nacional da Propriedade Industrial - INPI poderiam aproveitar o Acordo de Cooperação Técnica por eles celebrado em 07 de julho de 2010 e coordenar um amplo estudo a respeito do tema.

Podem, inclusive, valer-se da experiência realizada pela Federal Trade Commission - FTC, uma das agências de defesa da concorrência estadunidenses, que, em 2003, convidou a sociedade para o debate e elaborou o relatório "To Promote Innovation: The Proper Balance of Competition and Patent Law and Policy - A Report by the Federal Trade Commission". O trabalho apresentou uma série de recomendações sobre procedimentos, padrões legais e instituições que contribuiriam para conferir um viés mais útil e produtivo ao ruidoso diálogo entre antitruste e propriedade intelectual.[245]

245. O resumo do relatório pode ser encontrado no seguinte trecho: "[...] muitos participantes e analistas do sistema de patentes expressaram preocupações significativas de que, em alguns casos, o sistema de patentes não está em linha com a política concorrencial. A qualidade inferior de patentes e normas e procedimentos jurídicos que possam inadvertidamente gerar efeitos anticompetitivos podem causar injustificado poder de mercado e aumentar custos de forma injustificável. Esses efeitos podem impedir a concorrência que de outra forma estimularia a inovação. Este relatório traz diversas recomendações para que as normas jurídicas, procedimentos e instituições do sistema de patentes abordem essas preocupações". Tradução livre de: "[...] many participants in and observers of the patent system expressed significant concerns that, in some ways, the patent system is out of balance with competition policy. Poor patent quality and legal standards and procedures that inadvertently may have anticompetitive effects can cause unwarranted market power and can unjustifiably increase costs. Such effects can hamper competition that otherwise would stimulate innovation. This report makes several recommendations for the legal standards, procedures, and institutions of the patent system to address such concerns" (United States. Federal Trade Commission - FTC. *To promote innovation*: the proper balance of competition and patent law and policy, cit., p. 5).

Bibliografia

ABA. Section of Antitrust Law. *Antitrust law developments*. 6. ed. Chicago: ABA Publishing, 2007.

______. Section of Antitrust Law. *Federal antitrust guidelines for the licensing of intellectual property*: origins and applications. 3. ed. Chicago: ABA Publishing, 2010.

______. Section of Antitrust Law. *Intellectual property and antitrust handbook*. Chicago: ABA Publishing, 2007.

ABBOTT, Frederick M. The political economy of the WIPO development agenda. In: BARTON, John H.; ABBOTT, Frederick M.; CORREA, Carlos M.; DREXL, Josef; FORAY, Dominique; MARCHANT, Ron. *Views on the future of the intellectual property system*. Genebra: International Centre for Trade and Sustainable Development (ICTSD), 2007. p. 7-12. (Selected Issue Briefs, n. 1).

ABBOTT, Frederick M.; COTTIER, Thomas; GURRY, Francis. *The international intellectual property system*: commentary and materials. Part one. Haia: Kluwer Law International, 1999.

ANDERSEN, William R. *Kodak* and aftermarket tying analysis: some comparative thoughts. *Pacific Rim Law & Policy Journal*, v. 4, n. 1, p. 277-301, 1995.

ANDRADE, Gustavo Piva de. A interface entre a propriedade intelectual e o direito antitruste. *Revista da ABPI*, Rio de Janeiro, n. 91, p. 29-50, nov./dez. 2007.

ASCARELLI, Tullio. *Teoria della concorrenza e dei beni immateriali: lezioni di diritto industriale*. 2. ed. Milano: Giuffrè, 1957.

AZEVEDO, Paulo Furquim de. *Restrições verticais e defesa da concorrência*: a experiência brasileira. São Paulo: Fundação Getulio Vargas, Escola de Economia de São Paulo, 2010. (Textos para discussão n. 264).

BADIN, Arthur. Venda casada: interface entre a defesa do consumidor e da concorrência. *Revista de Direito da Concorrência*, São Paulo, v. 5, p. 1-80, 2005.

BAGLEY, Constance E.; CLAKSON, Gavin. Adverse possession for intellectual property: adapting an ancient concept to resolve conflicts between antitrust and intellectual property laws in the information age. *Harvard Journal of Law & Technology*, v. 16, n. 2, p. 327-393, Spring 2003.

BARBOSA, Denis Borges. *Jurisprudência sobre PI do CADE*. Disponível em: <http://www.denisbarbosa.addr.com/paginas/200/concorrencia.html>. Acesso em: 7 dez. 2010.

______. Licenças compulsórias: abuso, emergência nacional e interesse público. *Revista da ABPI*, Rio de Janeiro, n. 45, p. 3-22, mar./abr. 2000.

______. Nota sobre as noções de exclusividade e monopólio em propriedade intelectual. Disponível em: <denisbarbosa.addr.com/monopolio.doc>. Acesso em: 13 dez. 2010.

BARCELLOS, Milton Lucídio Leão. *Propriedade industrial & Constituição*. Porto Alegre: Livr. do Advogado, 2007.

BASSO, Maristela. *O direito internacional da propriedade intelectual*. Porto Alegre: Livr. do Advogado, 2000.

______. *Propriedade intelectual na era pós-OMC*. Porto Alegre: Livr. do Advogado, 2005.

BESSEN, James; MEURER, Michael J. *Patent failure*: how judges, bureaucrats, and lawyers put innovators at risk. Princeton: Princeton University Press, 2008.

BRANCHER, Paulo Marcos Rodrigues. *Direito da concorrência e propriedade intelectual*: da inovação tecnológica ao abuso de poder. 2009. Tese (Doutorado) – Faculdade de Direito, Pontifícia Universidade Católica de São Paulo, São Paulo, 2009.

CARVALHO, Nuno Tomaz Pires de. O sistema de patentes: um instrumento para o progresso dos países em vias de desenvolvimento. *Revista de Direito Mercantil, Industrial, Econômico e Financeiro*, São Paulo, n. 51, p. 51-90, jul./set. 1983.

CERQUEIRA, João da Gama. *Tratado de propriedade industrial*. 2. ed. São Paulo: Ed. Revista dos Tribunais, 1982. v. 1.

CHAVEZ, John Anthony. Historical context of the intellectual property guidelines. *Antitrust and Intellectual Property*, v. 2, n. 1, p. 36-59, Spring 2001.

CHOI, Jay Pil. Patent pools and cross-licensing in the shadow of patent litigation. *CESifo Working Paper*, n. 1070, Nov. 2003. SSRN – Social Science Research Network. Disponível em: <http://ssrn.com/abstract=466062>. Acesso em: 11 dez. 2010.

COLANGELO, Giuseppe. Avoiding the tragedy of the anticommons: collective rights organizations, patent pools and the role of antitrust. *LUISS Law and Economics Lab Working Paper*, n. IP-01-2004. SSRN – Social Science Research Network. Disponível em: <http://ssrn.com/abstract=523122>. Doi: 10.2139/ssrn.523122. Acesso em: 12 dez. 2010.

CORREA, Carlos M. Reshaping the intellectual property system with a development perspective. In: BARTON, John H.; ABBOTT, Frederick M.; CORREA, Carlos M.; DREXL, Josef; FORAY, Dominique; MARCHANT, Ron. *Views on the future of the intellectual property system.* Genebra: International Centre for Trade and Sustainable Development (ICTSD), 2007. p. 25-28. (Selected Issue Briefs, n. 1).

DREXL, Josef. Responding to the challenges for development with a competition-oriented approach. In: BARTON, John H.; ABBOTT, Frederick M.; CORREA, Carlos M.; DREXL, Josef; FORAY, Dominique; MARCHANT, Ron. *Views on the future of the intellectual property system.* Genebra: International Centre for Trade and Sustainable Development (ICTSD), 2007. p. 18-24. (Selected Issue Briefs, n. 1).

EINHORN, Michael A. *Tying, refusal to deal, and patents: economics at the summit.* SSRN – Social Science Research Network. Disponível em: <http://ssrn.com/abstract=336000>. Acesso em: 4 dez. 2010.

ENCAOUA, David; HOLLANDER, Abraham. *Competition policy and innovation.* Revised version, Jan. 2002. Disponível em: <http://halshs.archives-ouvertes.fr/docs/00/18/53/60/PDF/ENCAOUA-HOLLANDER_OXREP_1_.pdf>. Acesso em: 1.º dez. 2010.

EUROPA. Comunicação da Comissão. Orientações relativas à aplicação do artigo 81.º do Tratado CE aos acordos de transferência de tecnologia. *Jornal Oficial*, n. C 101 de 27.04.2004. Disponível em: <http://europa.eu/legislation_summaries/competition/firms/l26108_pt.htm>. Acesso em: 8 dez. 2010.

FARRELL, Joseph; SHAPIRO, Carl. Intellectual property, competition and information technology. March 2004. *UC Berkeley Competition Policy Center Working Paper*, n. CPC04-45. SSRN – Social Science Research Network. Disponível em: <http://ssrn.com/abstract=527782>. Acesso em: 12 dez. 2010.

FERRAZ JUNIOR, Tercio Sampaio. Propriedade intelectual e defesa da concorrência. *Revista do IBRAC*, São Paulo, v. 6, n. 9, p. 10-12, 1993.

FINK, Carsten. Comment: competition law as a means of containing intellectual property rights. In: MASKUS, Keith E.; REICHMAN, Jerome

H. *International public goods and transfer of technology under a globalized intellectual property regime*. New York: Cambridge University Press, 2005. p. 770-773.

FISCHER, Elke. Info-Lab/Ricoh. *Competition Policy Newsletter*, Competition Directorate-General of the European Commission, n. 1, p. 35-37, Fev. 1999.

FISHER, Franklin M. Innovation and monopoly leveraging. In: ELLIG, J. (Ed.). *Dynamic competition and public policy*: technology, innovation, and antitrust issues. Cambridge: Cambridge University Press, 2000. Disponível em: <http://ssrn.com/abstract=247514>. Doi: 10.2139/ssrn.247514. Acesso em: 30 nov. 2010.

FORAY, Dominique. Patents and development in the knowledge economy. In: BARTON, John H.; ABBOTT, Frederick M.; CORREA, Carlos M.; DREXL, Josef; FORAY, Dominique; MARCHANT, Ron. *Views on the future of the intellectual property system*. Genebra: International Centre for Trade and Sustainable Development (ICTSD), 2007. p. 3-6. (Selected Issue Briefs, n. 1).

FORGIONI, Paula A. *Direito concorrencial e restrições verticais*. São Paulo: Ed. Revista dos Tribunais, 2007.

______. *Os fundamentos do antitruste*. 3. ed. São Paulo: Ed. Revista dos Tribunais, 2008.

FOX, Eleanor M. Can antitrust policy protect the global commons from the excesses of IPRs? In: MASKUS, Keith E.; REICHMAN, Jerome H. *International public goods and transfer of technology under a globalized intellectual property regime*. New York: Cambridge University Press, 2005. p. 758-769.

GAYNOR, Daniel E. Technological tying. *Working Paper*, Federal Trade Commission, Bureau of Economics, n. 284, Aug. 2006.

GHOSH, Shubha. Comment: competitive baselines for intellectual property systems. In MASKUS, Keith E.; REICHMAN, Jerome H. *International public goods and transfer of technology under a globalized intellectual property regime*. New York: Cambridge University Press, 2005. p. 793-813.

GILBERT, Richard J.; TOM, Willard K. Is innovation king at the antitrust agencies? The intellectual property guidelines five years later. *Competition Policy Center Working Papers*, n. 1-20, Maio 2001. Disponível em: <www.haas.berkeley.edu/groups/cpc/pubs/publications.html>. Acesso em: 8 dez. 2010.

GOLDBERG, Daniel K. *Poder de compra e política antitruste*. São Paulo: Ed. Singular, 2006.

GRAU-KUNTZ, Karin. O desenho industrial como instrumento de controle econômico do mercado secundário de peças de reposição de automóveis: uma análise crítica a recente decisão da Secretaria de Direito Econômico (SDE). *Revista de Direito Mercantil, Industrial, Econômico e Financeiro*, São Paulo, n. 145, p. 148-184, jan./mar. 2007.

HOVENKAMP, Herbert. *Federal antitrust policy:* the law of competition and its practice. 3. ed. St. Paul, MN: West Publishing, 1994.

______. Standards ownership and competition policy. (Mar. 2006). *U Iowa Legal Studies Research Paper*, n. 05-44. SSRN – Social Science Research Network. Disponível em: <http://ssrn.com/abstract=889335>. Acesso em: 4 dez. 2010.

______. The intellectual property-antitrust interface. ABA Section of Antitrust Law. *Issues in Competition Law and Policy*, n. 3, p. 1979-2007, 2008.

IACOBUCCI, Edward. Tying as quality control: a legal and economic analysis. University of Toronto Faculty of Law. *Law and Economic Research Paper*, n. 01-09, 2003. SSRN – Social Science Research Network. Disponível em: <HTTP://papers.ssrn.com/abstract=293602>. Acesso em: 1.º dez. 2010.

INSTITUTO NACIONAL DA PROPRIEDADE INDUSTRIAL – INPI. *Boletim Estatístico de Patentes.* Editado em nov. 2010. Disponível em: <https://www.inpi.gov.br/menu-esquerdo/instituto/estatisticas-new-version/>. Acesso em: 7 dez. 2010.

JANIS, Mark D. Aggregation and dissemination issues in patent pools. *University of Iowa Legal Studies Research Paper*, n. 5-14, Apr. 2005. SSRN – Social Science Research Network. Disponível em: <http://ssrn.com/abstract=715045>. Acesso em: 12 dez. 2010.

______. Patent pools. *Issues in Competition Law and Policy*, ABA Section of Antitrust Law, v. 3, p. 2085-2107, 2008.

KEMMELMEIER, Carolina Spack; SAKAMOTO, Priscila Yumiko. Transferências de tecnologias e as organizações multilaterais. In BARRAL, Welber; PIMENTEL, Luiz Olavo (Org.). *Propriedade intelectual e desenvolvimento.* Florianópolis: Fundação Boiteux, 2007. p. 129-147.

KOBAYASHI, Bruce H. Spilled ink or economic progress? The Supreme Court's decision in Illinois Tool Works v. Independent Ink. *The Antitrust Bulletin*, v. 53, n. 1, p. 5-33, Spring 2008.

KUBRUSLY, Claudia Tosin. *Direito antitruste e propriedade intelectual*: análise concorrencial dos acordos de licença e da recusa de licenciar. Dissertação (Mestrado). São Paulo: Faculdade de Direito, Universidade de São Paulo, 2008.

LANDES, William; POSNER, Richard. *The economic structure of intellectual property law*. Cambridge, MA: The Belknap Press of Harvard University Press, 2003.

LÉVÊQUE, François; MÉNIÈRE, Yann. The economics of patents and copyright. *The Berkeley Electronic Press*, 2004. Social Science Research Network. Disponível em: <http://ssrn.com/abstract=642622>. Acesso em: 5 dez. 2010.

McDAVID, Janet; LOBENFELD, Eric; MINTZER, Erica; SCHECHTER, Minda. *Patents and tying arrangements,* ABA Section of Antitrust Law. *Issues in Competition Law and Policy*, n. 3, 2008.

MEESE, Alan J. Tying meets the new institutional economics: farewell to the chimera of forcing. *University of Pennsylvania Law Review*, v. 146, n. 1, p. 1-99, Nov. 1997.

MOTA, Sue Ann. The untwining of patent law and antitrust: no presumption of market Power in patent tying cases according to the Supreme Court in Illinois Tool Works v. Independent Ink. *Suffolk University Law Review*, 59, v. 40, n. 1, p. 57-66, 2006.

MOTTA, Massimo. *Competition policy*: theory and practice. 12. ed. New York: Cambridge University Press, 2009.

PICCIOTTO, Sol; CAMPBELL, David. Afinal de contas, de quem é esta molécula? – Perspectivas privada e social sobre a propriedade intelectual. Tradução de José Augusto Fontoura Costa e Fernanda Sola. *Revista de Direito Empresarial*, São Paulo, v. 11, p. 35-77, jan./jun. 2009.

PITOFSKY, Robert. *Challenges of the new economy*: issues at the intersection of antitrust and intellectual property. Federal Trade Commission – FTC. Jun. 15, 2000. Disponível em: <www.ftc.gov/speeches/pitofsky/00615speech.htm>. Acesso em: 7 dez. 2010.

RITTER, Cyril. Refusal do deal and "essential facilities": does intellectual property require special deference comparable to tangible property? *World Competition*, set. 2005.

ROSENBERG, Barbara. *Patentes de medicamentos e comércio internacional*: os parâmetros do TRIPs e do direito concorrencial para a outorga de licenças compulsórias. 2004. Tese (Doutorado). São Paulo: Faculdade de Direito, Universidade de São Paulo, 2004.

SALINGER, Michael A. Business justification defenses in tying cases. ABA Section of Antitrust Law. *Issues in Competition Law and Policy*, v. 3, p. 1911-1928, 2008.

SALOMÃO FILHO, Calixto. *Direito concorrencial*: as condutas. São Paulo: Malheiros, 2003.

SCHUMPETER, Joseph A. *Capitalism, socialism and democracy*. 4. ed. London: Allen and Unwin, 1976.

SCOTCHMER, Suzanne. *Innovation and incentives*. Cambridge/London: The MIT Press, 2004.

SCOTCHMER, Suzanne; MAURER, Stephen M. Profit neutrality in licensing: the boundary between antitrust law and patent law. *NBER Working Paper*, n. 10546, Jun. 2004. The National Bureau of Economic Research. Disponível em: <http://www.nber.org/papers/w10546>. Acesso em: 13 dez. 2010.

SECRETARIA DE DIREITO ECONÔMICO – SDE. *Relatório de Gestão DPDE*. Exercício 2008. Brasília: Secretaria de Direito Econômico, Ministério da Justiça, 2009.

______. *Relatório de Gestão DPDE*. Exercício 2009. Brasília: Secretaria de Direito Econômico, Ministério da Justiça, 2010.

SHAPIRO, Carl. *Navigating the patent thicket*: cross licenses, patent pools, and standard-setting. Mar. 2001. Disponível em: <http://haas.berkeley.edu/~shapiro/thicket.pdf>. Acesso em: 4 nov. 2010.

SILVEIRA, Newton. Propriedade imaterial e concorrência. *Revista dos Tribunais*, São Paulo, v. 75, n. 604, p. 264-271, fev. 1986.

______. *Propriedade intelectual*. São Paulo: Manole, 2005.

______. A propriedade intelectual no novo Código Civil brasileiro. In: AZEVEDO, Antônio Junqueira de; TÔRRES, Heleno Taveira; CARBONE, Paolo (Coord.). *Princípios do novo Código Civil e outras temas*: homenagem a Tullio Ascarelli. São Paulo: Quartier Latin, 2008. p. 95-117.

SILVEIRA, Newton; SANTOS JR., Walter Godoy dos. Propriedade intelectual e liberdade. *Revista de Direito Mercantil, Industrial, Econômico e Financeiro*, São Paulo, n. 142, p. 7-24, abr./jun. 2006.

UNITED STATES. DEPARTMENT OF JUSTICE. FEDERAL TRADE COMMISSION – FTC. *Antitrust enforcement and intellectual property rights*: promoting innovation and competition, 2007. Disponível em: <http://www.ftc.gov/reports/innovation/P040101PromotingInnovationandCompetitionrpt0704.pdf>. Acesso em: 12 dez. 2010.

______. DEPARTMENT OF JUSTICE. FEDERAL TRADE COMMISSION – FTC. *Antitrust Guidelines for the Licensing of Intellectual Property*. Apr. 1995. Disponível em: <http://www.justice.gov/atr/public/guidelines/0558.htm>. Acesso em: 12 dez. 2010.

______. FEDERAL TRADE COMMISSION – FTC. *To promote innovation*: the proper balance of competition and patent law and policy. A report by the Federal Trade Commission, out. 2003. Disponível em: <http://www.ftc.gov/os/2003/10/innovationrpt.pdf>. Acesso em: 12 dez. 2010.

VARNEY, Christine A. *Vigorous antitrust enforcement in this challenging era*. Disponível em: <http://www.justice.gov/atr/public/speeches/245711.htm>. Acesso em: 9 dez. 2010.

WALDMAN, Michael; CARLTON, Dennis W. Tying. ABA Section of Antitrust Law. *Issues in Competition Law and Policy*, v. 3, p. 1859-1880, 2008.

WEINSCHEL, Alan J.; GILBERT, Richard J. Competition policy for intellectual property: balancing competition and reward. ABA Section of Antitrust Law. *Issues in Competition Law and Policy*, v. 3, p. 2009-2036, 2008.

WHISH, Richard. *Competition law*. 6. ed. Oxford: Oxford University Press, 2009.